Y
$\frac{1372}{A}$

1695

LA POESIE

DE
LOYS LE CARON
PARISIEN.

VINCENTI NON
VICTO GLORIA

Auec Priuilege du Roy.

A PARIS.

*Pour Vincent Sertenas tenant ſa boutique au
Palais, en la Gallerie par ou on va a la
Chancellerie.*

1 5 5 4.

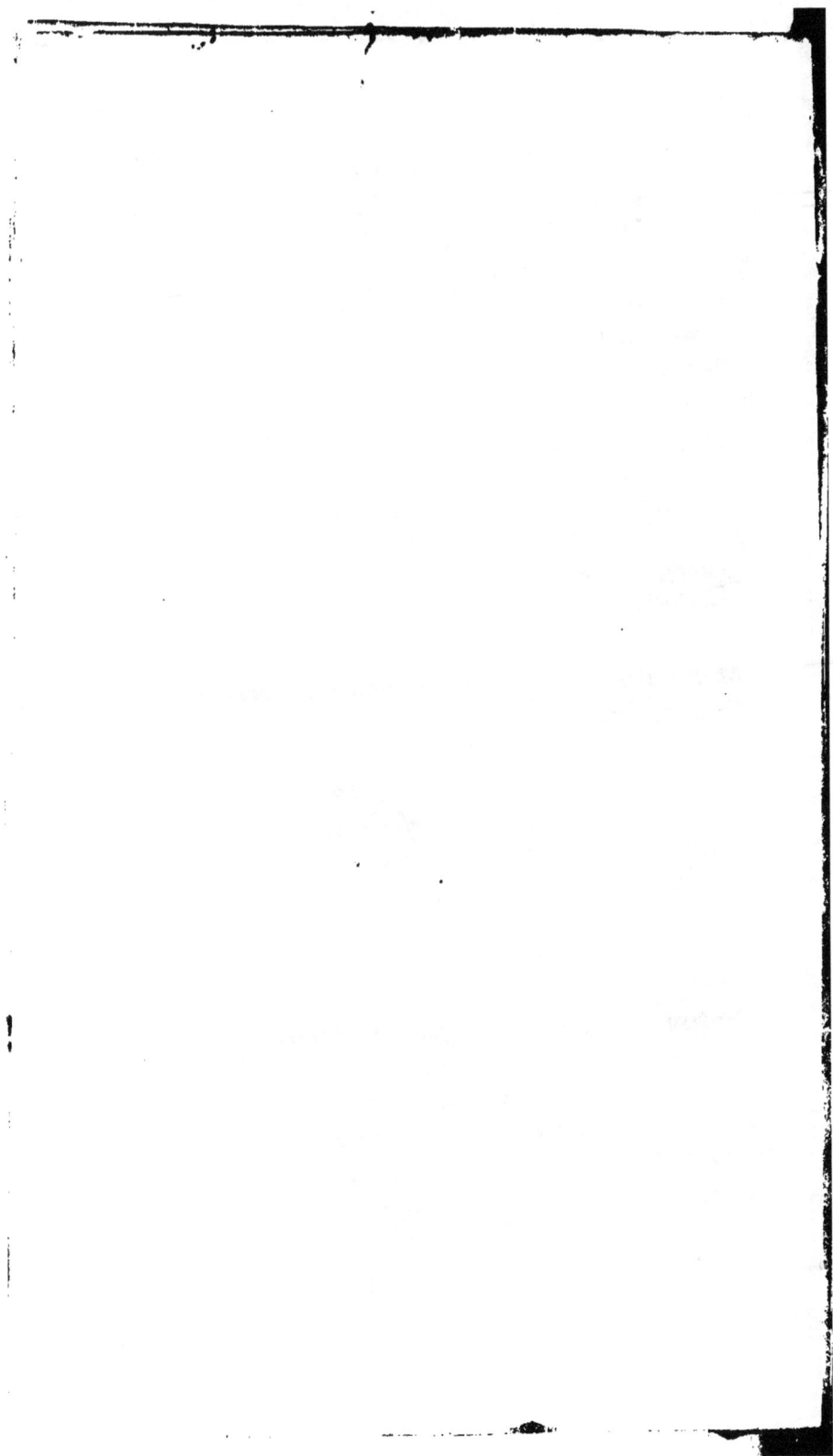

A LA CLAIRE.

En vain celluy feint Amour en son cœur,
  Qui se flattant d'vne plainte fardée
  Chante a plaisir sa peine mignardée,
  Pour estre veu de son tourment vainqueur.
En vain celluy plaisante sa langueur,
  Qui faulsement plaint auoir hazardée
  Sa liberte soubz la grace dardée
  Des clairs flambeaux allumez de rigueur.
En vain celluy oisiuement s'affolle,
  Qui follement eperd son ame folle.
  En se plaignant on contraint la douleur,
De s'auancer pour en aigrir sa force.
  Mais l'aspre ardeur, qui à chanter me force
  Ta grand'clairte, reluit en ma couleur.

Si m'eclairant de ta clairté plus claire
  I'admire en toy la grand, perfection,
  Qui enheurant ma pure affection
  La tire au ciel, que la memoire eclaire
Si me mirant en ton lustre (ma Claire)
  Ie veoi le but de ma conception,
  Qui me promet apres ma passion
  Contentement, qui plus viendra me plaire.
Si ton parler grauement amoureux
  Qui me blandist d'vn espoir langoureux
  Fait que constant à ta grace i'aspire.
Cette vertu le clair miroir d'honneur,
  Qui enrichist ton reluysant bonheur.
  Fait qu'esperant ta gloire ie desire.
               A ij

LA CLAIRE.
A. L. L. C.

L'eſpineux traq de l'amoureux paſſage
   Par tel ſentier guide à felicité,
   Que par trauaux de longue aduerſité
  Au vray bonheur ſ'addreſſe l'homme ſage.
Le but eſt droiĉt, ou l'eſperant courage
   Court aſſuré d'vn train de loyauté,
   Sans ſe pourer de fiere cruauté,
   Ny de l'ennuy que l'inconſtant dit rage.
Qui le chemin des plaiſirs malheureux
   Suit, ia penſant iouïr du bien heureux,
   Il ne voit point de la meurtriere bande.
La traiſtre embuche au bout de tel ſentier
   Qui contre luy de traitz poignantz ſe bãde.
   Demeure donq' en ton eſpoir entier.

De clairté plus grand' clairté.
Loys le caron A la Claire.

D'vne beauté plus clairement heureuſe,
   Qui reluiſoit ſur le ciel de vertu,
   Le ſainĉt rayon qui la gloire auoit eu
   Par chaſteté, de la pointe amoureuſe,
Deſenuillit de mon ame ocieuſe
   Le lourd penſer ſouz l'erreur abbatu,
   Qu'il rend du pur de blanche foy veſtu
   Pour y grauer ta clarté precieuſe
Du luſtre orin la nouuelle rayeur,
   Qui me ſurprend de doubteuſe frayeur
   Traçant l'obieĉt, que l'excellence enheure,
Orne mon cœur choiſi pour ſon treſor
   Dont m'egallant à la valeur de l'or
   Fait que l'honneur à loyauté demeure.

LA POESIE
DE

Loys le Caron
Parisien.

Sonetz.

I

Laire beauté, le sainct flam-
beau d'honneur
Qui des rayons de ta chaste
lumiere,
Elance en moy la flame cou-
stumiere,
Du feu luysant, qui eclaire mon heur:
Rayonne vn traict de ta diuine ardeur,
Pour bien heurer mon ame prisonniere
Souz le mespris, de ta cruauté fiere,
L'eclaircissant du clin de ta grandeur.
Sans ta clarté, qui vient tout lustre estaindre,
Ma voix ne peut à tes graces attaindre.
Laisse moy donq' la rauir de tes cieux,
Souz le mesme heur du subtil Promethée,
Pour ensacrer ma memoire empruntée
De ta splendeur, en ton nom precieux,

A iij

2

Ciel reluyſant, qui decouure le luſtre
De la beaute, la gloire de noz ans:
Et du clair tour de tes feuz rayonnantz
En l'eclairant, tu reluis plus illuſtre.
Mon nom obſcur de la ſplendeur illuſtre,
Non qui s'eſpãd de tes flambeaux luyſantz,
Mais que tu prens des deux aſtres plaiſantz,
Deſquelz le traiƈt tout l'vniuers perluſtre,
Pour meriter par mes chantz la clarté.
Qui eſclaireit mon eſprit arreſté,
Et darde en luy les ſcintilles de grace:
Affin qu'au iour il decelle la foy,
Emprainte au cœur & eſcripte en la face
D'vn ferme eſboir, captiué ſouz ſa loy.

3

Celeſte amour cher mignon de vertu,
Qui chaſtement tous mes deſirs enflamme
Les fleſchiſſant, a l'eſprit d'vne dame
De deité luiſamment reueſtu:
A ſes penſers tien mon cœur abbatu,
Enamourant le plus pur de mon ame,
Pour demẽtir par loyauté le blame,
Qui des ennuiz m'a fieremẽt battu.
Guide le chãt de ma voix amoureuſe,
Par les ſentiers de ſa faueur heureuſe
Qui monſtre au iour d'excellente clarté
Mon dueil non faint, qui a toy ſeul s'addreſſe
Pour enchaſſer ma ſeure fermeté
Dans le threſor de ma claire maiſtreſſe.

4

Heureuses seurs vous Acidaliennes
Qui nayuez les celestes destins
Par la faueur de voz mignardz tetins,
Dont les douceurs sont plus qu'Idaliennes:
Allaictez moy des graces Pindiennes,
Pour mes plaisirs de voz fureurs attaintz
Si bien nourrir, qu'ilz ne soyët point estains
Par plus grand feu des ardeurs Gnidiennes
Vostre plaisir faict plaire tout aux dieux,
Sans vous seroyent leur palais odieux.
Vous trois, Venus, les filles de memoire,
Egallement donnez la vie aux cœurs,
Qui sont enpointz de vertueuse gloire,
Graciez donq les chantz de mes langueurs

5

Diuins iumeaux enfantez de Latone,
Vrays ornemens qui dorez l'vniuers.
Par voz clartez les astres decouuertz
Luysent au ciel dont la terre s'estonne.
Toy Apollon qui les pucelles orne,
Et par leur chantz eternize les vers,
Qu'as empannez de tes rayons diuers
Pour les tirer a l'Immortelle borne
Enflamme moy du flambeau delien,
Et m'arrosant au font Castalien
Donne clarté à ma triste doucine,
Pour en chantant ma Claire, l'adoucir
Reluy sus moy Pergéenne Lucine,
Et m'eclarant vien ma dame eclarcir

A iiij

6

Le ciel, Amour, les graces, & les muses,
phœbus, Diane enamourez du beau,
Qui emperloit le plus diuin flambeau
De ta clarté, qu'aux autres tu refuses,
Ont bienastré d'excellences infuses,
Le chaste honneur de ton teint damoyseau,
Et la splendeur de ton astre iumeau,
Ou par attraictz les yeux du ciel amuses.
Prodiguement le ciel a deployé
Tout son bonheur & en toy l'employé,
Amour ses traitz, leur graces les charites,
De grand sçauoir les muses le renom,
Phœbus son lustre & Diane son nom
Ont elargi a tes heureux merites.

7

Les dieux enfin des hommes amoureux
Tous estonnez de voir reluire encore
Le feu raui par le saige, qui dore
Plus que iamais le monde desireux
Eurent pitié de leur maux langoureux,
Et pour bannir la mulcaire cendre.
Par Apollon ont faiz façonner ore
Le dõn diuin plus que feut l'autre heureux.
Pallas voulut t'estrenner la premiere
De sa prudence, & Phœbus de lumiere,
De sa beauté venus te decora,

Mercure Le Nomien t'enrichit de faconde,
appellé No Ceres donna ti richesse feconde,
mien. Ma Claire aussi chascun Dieu t'honnora.

8

Riche des dons de diuine largeſſe,
Des cieux ma Claire en terre deſcendit.
Icelle alors toutz ſesioy aux tendit,
De ſes threſors la gemmeuſe richeſſe
Ell'et alla toute ſa gentilleſſe,
Ses verdz tapis que nature rendit
Plus fleuriſſantz que iamais eſtendit
Sa large main, en ſigne de lieſſe
Ce iour heureux nature bienheura,
Toutz ſes enfantz de toy enamoura,
Voiant les biens de ta boëtte ſainte,
Qui fecondoient de plaiſir gracieux
Le monde, au lieu du mal pernicieux
Ainſi tu rendz l'autre Pandore eſtainte.

9

Les ſept flambeux qui ſont nõmez des Dieux
Les feus protraictz des ames inforçables
Par leur regardz & loix ineffaçables
Preſagioient ton deſtin radieux.
Car leur raions furent ſi clairs aux cieux,
Quant le iour veit tes graces admirables
Que leur faueurs ſembloient incomparables
Pour les plaiſirs de leur traictz gracieux.
Le ciel feuſt veu à nature ſe rire
En elle auſſi toutz ſes bonheurs il mire.
Dedans l'obiect qu'il a premier perfaict.
Nul ornement en ſon theſor ſe parc.
Qu'il n'ayt offert à l'excellence rare
De ta clairté, qui le ciel meſme a faict.

10

Ses traictz poingnantz elança le Soleil
    Pour attirer le plus pur de la terre,
    Du plus luysant, les richesses enserre
    Qu'elle epargnoit dans son sein nompareil.
Mais rencontrant le portraict de ton oeil
    Qui luy à faict de lumiere la guerre,
    Tout son honneur en ton lustre desserre
    (Sans rien gaigner) comme à luy seul pareil
Lors Il traicta la paix en telle sorte,
    Qu'il t'enrichit de sa lueur plus forte,
    T'aduentageant de grand perfection.
Mais il rendit ta deité si fiere,
    Qu'esblouissant ma chaste affection.
    Me faict languir souz toy douce guerriere

11

Ma liberté larronnesse de soy
    Le miel cherchoit des trompeuses delices
    Pour ensuyurer les fuitiues malices,
    Qui l'attrayoient, de l'amorce de soy
Mais vn penser enorgueilly d'emoy,
    Sous les apastz des meurtrieres blandices
    (Qui des ennuiz sont les traistres nourrisses)
    Me dementit par son iniuste loy.
Cruel desseing qui abuse soymesme
    Se transformant en seruitude extresme,
    Aspire tu à si belle clairté.
Ne pense point que sa luisante gloire
    Vueille souffrir esteindre sa memoire
    Par le malheur d'aueugle obscurité.

12

Ie congneu bien(par ma Claire i'en iure)
　Au vray,le iour que le celeste don
　De sa beauté feut bienheureux guerdon
　Des durs trauaux que le mortel endure
Car vn raion de sa deité seure
　Dans mon berceau elança le brandon
　Qui m'enflama des traictz de Cupidon
　Me degoustant de la mammelle pure.
Au laict mielleux la flame se mesla,
　Vn chaste amour mon esprit mammella,.
　Qui n'auoit veu de ses iours qu'vne annee
Mais en desirs croissant auec raison
　Sentit le goust d'aigredoulce poison
　Qui ayse deult son ame fortunee.

13

Tristes desirs en voz dueilz langoureux,
　De quel orgueil la voie perilleuse
　Vous à tirez à la plus merueilleuse
　Des sainctetez du monde bienheureux.
Les traictz flemblãtz du Dieu cheualeureux
　(Qui par le ciel la charette eclaireuse
　Guide sans fin de lumiere lustreuse)
　Craindroient voller à son ciel amoureux.
Que pensez vous?la beauté Cyprienne,
　Le teint rosin,la blancheur Parienne,
　Les yeulx luysantz de regard Mineruin,
Les clairs thesors epanduz par la face,
　Toutz emperlez des reliques de grace,
　Voudroient ilz biẽ soüiller leur heur diuin?

B ij

14

Pallas brauoit le triomphant honneur
  De ſa beauté contre Dirce gaignée
  Quant la ſplendeur de grace accompagnée
Te feit rauir ſon immortel bonheur.
D'enfantz diuins le prodigue donneur
  Te regardant en gloire aduantagée
  Par la valeur de nature vengée
A faict ton nom de deité ſeigneur
De ſes grandeurs il enfleure ta gloire
  D'vn verd tortiz de fameuſe memoire
  Eternizant ta celeſte clairté
De telz honneurs ton excellence riche
  Trop fieremeut epargne ſa main chihe
  Faiſant languir ma ſerue liberté.

15

Ou print Iuppin cet heur reſplendiſſant
  Ou print venus cette grace riante,
  Ou print Peiton cette voix attraante,
    Ou print Amour ce regard blandiſſant,
Ou print Phebus ce creſpeau ianniſſant
  Ou l'aulbe print la perle rouſoyante,
  Ou print Ceres la toyſon blondoyante,
  Ou print Flora ce tapiz fleuriſſant,
Ou print Iunon cette fiere richeſſe.
  Ou ce ſçauoir print la chaſte deeſſe.
  Ou print Diane vn luſtre ſi luiſant
Ou print Eol ſa douceur zephirine,
  Mais ou print Mars vn orgueil ſi cuiſant,
  Pour pandurer ta clairté ſurdiuine?

16

Trait reluiſant en regard amoureux,
  Rare beauté en vertu ſouueraine,
  Viue clairté qui le ciel raſſerene,
  Teint vermeillet en œilletz plantureux,
Front albaſtrin, tableau de grace heureux,
  Riz mignonnetz de ſauoureuſe alaine,
  Celeſte voix de toutes chanſons plaine,
  Nayf parler chaſtement amoreux
Compartinentz des Adonines roſes
  Soueſue odeur des fleurettes decloſes
  Couſtaulx perlez de deux boutōs vermeilz
Doygtz yuoirins de gloire Mineruine
  Arcs hebénins vouſtes des clairs Soleilz
  Vous enchantez mon eſperance vaine.

17

Nauré du traict de pudique amitié
  Sans autre amour ie careſſois ma vie,
  Ne penſant poinct à la brulante enuie
  Qui faict chercher ſa ſeconde moitié
Ainſi deceu par folle inimitié,
  Ie deſaſtrois ma conſtance rauie,
  Ne ſentant point la faueur qui conuie
  Vn ferme eſpoir au vray but de pitié
Mais la clairté de la diuine image,
  Que dans mon cueur i'ay peinte a mon dō-
  mage,
  Des traictz nayfz de ſa viue beauté
Me faict languir, perdant toute parolle.
  Si triſtement ſon ſeul obiect m'aſſolle,
  Pygmaliſant ma vaine loiauté.

Le blond lien de cordelle dorée,
  Qui sur les cieux de ma Claire s'espand,
  Entortillant le lustre qui se pend
  Aux noudz crespez d'excellēce honnorée
Court sur le beau de la face adorée
  Qui aux laçetz que sa grandeur estend
  Surprend mon cœur & enoüé le tend
  Pour enchainer mon ame malheurée
Mon traistre esprit, qui se veoit arresté
  Laisse enlacer sa simple liberté,
  Prenant plaisir en son heureux malaise.
Comme celluy estreinct des chesnes d'or
  Se resioüist en sa prison encor,
  Et son tourment de triste esbat appayse.

19

L'archer diuin de sa trousse chargé
  Vouloit darder ses poinctes incurables
  Et choisissant deux buttes fauorables,
  Dans ta splendeur son arc a dechargé
Puis d'un orgueil & courage enragé
  Tendant à moy ses fleches imployables
  A decoché mille traictz infuiables,
  Desquelz il m'a à la mort outragé
C'est toy Amour qui vise en telle sorte
  Prenant tousiours des buttes la plus forte,
  Pour en tirer à ton aysé plaisir
Pense tu bien sans la diuine force
  De sa claire qui ta puissance force
  M'auoir nauré de si grief deplaisir

20

Quand le doulx clin de ses beautez m'œillade
Et vn souz riz de sa grace elancé
Surprend mon cœur en doutebalancé.
Ie sens rauir ma puissance malade.
Quant la fierte de sa rigeur mignarde
Elouche vn traict de mespris offencé,
Mon œil à veoir si grand lustre aduancé
Sent vn eclair qui toutz malheurs luy darde
Vn mesme trait de double mort attaint,
Car le raui a mourir est contraint,
Combien que soit la mort plus doulcereuse.
Qui est du trait de cruauté blessee
Il meurt deux fois en peine langoureuse,
Mon cœur le scait sans grace trespassee

21

La ferme loy du sort fatal ordonne
Que des beautez le lustre gracieus
(Riche present enluminé des cieux)
Enlustre vn chant, que ma muse doussonne,
Pour embellir l'immortelle couronne,
Qu'a façonné l'honneur plus precieux
Des chastes traitz qu'etincellent tes yeus,
Et esmaillé du bruit qui t'enuironne
Mon ame vient s'offrir à ta clairté,
Qui sans la veoir estoit deia surprise,
Et s'abbreuuant en l'eau saint'amoureuse
De cœur constant en serue liberté,
Voue & append sa loiaute eprise
Au sainct obiect de ton Image heureuse

B iiij

22

Voiez amantz comme vne ame comblée
Du vain espoir, qui se paist de langueur
Captiue au ioug de cruauté son cœur,
Et se sentant de la raison emblée
De ses desirs & forces depouillée
S'enlace aux retz de meurtriere rigueur
Qui par le tempz renforce sa vigeur
Enamerant la faueur enrouillee?
Qui penseroit la luisante beaute
S'accompagner d'aueugle cruaute
Qui penseroit de l'amoureuse amorce,
Et nom mignard l'attrait delicieux
Se deguiser en venimeuse force
Empoisonnant le serf deuotieux?

23

Venus auoit au verger Gnidien
Trié les fleurs de beaute plus exquise
Quant elle feut par Apollon requise
D'en estre ver le troupeau Pindien
Mais mignardant le Prince Delien
Le plus luisant de ses raions auise,
Qui eclaroit la richesse transmise
En ta beaute, du cœur Castalien.
Tu voi Venus, dit le Dieu de lumiere
Que de mes raiz la torche coustumiere,
A ton honneur à la Claire donnee
En elle aussi respond la Paphienne
Tout son sçauoir a mis l'Athenienne,
Et de Iunon luy est l'heur ordonnee.

24

Claire en beauté plus que la claire Aurore
  Claire en blâcheur plus que marbre de Pare,
  Ou que le laict, qui sur le ionc se pare.
  Claire en odeur du bame qui l'honnore,
Claire en coral que le vermeil colore:
  Claire en valeur plus qu'autre ioiau rare
  Ou que tout l'or du filz de Chrise auare.
  Claire en honneur qui tes graces decore,
Claire en thesor plus que perle Indienne.
  Claire en rosin de grace Adonienne,
  Claire en splendeur de gloire merueilleuse.
O tresclair nom d'vne diuine dame,
  Seulle moitié de mon nom & mon ame,
  Tu tiens ma voix en crainte perilleuse.

25

Si pour Thia la mere venerable
  Du blond Soleil l'or gaigne la valeur
  Sur toutz metaux & sa viue couleur
  Est l'ornement de richesse honnorable.
Ta grand' vertu d'excellence admirable,
  Le lustre orin qui affine ton heur
  A enfanté le vray Soleil d'honneur
  Qui rend ton pris sur toutz incomparable.
Deia s'esteint des grand's beautez le bruit
  Pres la splendeur de ta grace qui luit
  Si lustrement que les clairtez antiques
Sentent le plomb de leur tens vaporé:
  Mais toy Thia de nostre eage doré
  Diuinement enrichis les cantiques,

Ie t'ay cent fois mon chaste cœur voué
Pour le flechir aux lois de ton image,
Mais ta rigeur dedaignant mon hommage,
M'a fierement pour tien desauoüé.
Las ce traistre oeil m'auoit amadoüé
Me promettant par assuré presage
Qu'Amour vollant en ton serain visage
M'auoit à toy pudiquement noüé.
C'est luy, c'est luy, qui te donne victoire
Comme frauda l'Herculienne gloire

Cygne filz de Mars du quel parle Pindare en l'Ode 10 d'Olimp.

Mars pour son filz, qui feut apres donté.
Quant sans Amour te trouueray seullete
Par moy sera ton orgueil surmonté.
Mais, las, Amour t'a laißé sa sagette.

27

Puis que le ciel par bonheur me destine
A me mirer au plus clair de beauté:
Mes yeux sont fiers de telle priuauté:
Mon cœur ialoux contre les yeux s'obstine:
Mais laißillon de douleur intestine,
D'vn faux espoir tient mon cœur agité
Et par les flotz de son aduersité
Au doux peril d'Amour le predestine.
Heureux destin, heureux l'Astre eclaici.
Heureux rayons, heureux l'attraict aussi.
Ta beauté feut la guerriere Amazonne
Qui assaillit par dur effort mon cœur,
Et souz l'obiect de sa claire personne
Cacha le traict aiguisé de rigeur.

28

Suffise toy ô Claire d'allumer
  Le froid glaçon de mes chastes pensées,
  Et les auoir de ta splendeur blessées,
  Sans me vouloir en cendre consumer
Ie pene au ioug d'vn traual si amer.
  Que des labeurs mes forces surpasseés
  N'esperent point que iamais delassées
  Soient les langueurs qui me forcent d'aimer.
Ta clairté veut, ton lustre me commande
  Que ie sois serf de ta perfection
  Et ne me peut tristesse tant soit grande
En delacher. Voi donc l'affliction
  Qui m'immolant te fait piteuse offrande
  Du mien tien cœur en humble affection.

29

Est ce beauté, est ce vertu qui tire,
  Comme l'Emant mon chaste cœur à toy?
  Est ce rigeur, ou le mespris de moy
  Qui pour aimer rudement me martire?
Cette beauté, ou la douceur se mire
  De ta splendeur à banni tout emoy.
  Vertu ne rompt d'amour la saincte foy.
  Qui donc en toy lance sur moy ton ire?
Tu dis qu'honneur resiste à mon desir.
  Mais (las) croy moy rien qu'honneur m'est
  plaisir,
  Lequel suiuant de ta vertu la trace
  De toy venu remplit ma loiauté.
  Ainsi ie crain ta seulle cruauté
  Qui dedaigna mon ame de ta grace.
                              C ij

30

Au gay printemps, que plaisir renouuelle
Dedans l'œil vif leger comme le vent
Amour se met, puis vn peu s'eleuant
Decoche vn traict de sa trousse cruelle.
Tel l'aiant veu mon triste œil le reuelle,
Car il dardoit son raion violent
Et al'entour de la Claire vollant
Etincelloit vne clairté nouuelle
C'est le Mercure & messaiger ailé
Qui a cent fois sur ton lustre volé,
Pour m'aduertir de tes sentences fieres,
Qui m'ont ingé à tenailler mon cœur.
Mais qui croiroit si dure la rigueur,
Qu'elle assourdist son oreille aux prieres.

31

Heureux Paris pour estre de la France
Le cher honneur, riche thesor des lois
Fauorise des Priamides Rois
Qui vengerõt des Grez vantartz l'outrãce
Mais plus heureux, pour la claire vaillance
Que du Soleil le lustre effacer vois.
Donner la palme à la beauté tu dois
Qui s'enrichit de si claire excellence.
Ne les Gregeois, ne les braues Romains
Peurent tirer de leur tiges diuins
Telles beautez de leurs faulses Deesses.
Comme tu as de ton Paris attraict,
Et d'Ilion le plus amoureux traict
Pour embellir tes gentilles princesses.

32

Les Dieux voullantz leur destins glorieux
　Prouidemment eparpiller au monde,
　Ont aduisé d'vne richesse blonde
　Le clair tableau d'amour laborieux.
Toutz benissantz l'obiect si gracieux,
　Luy ont donné la clairté tant feconde,
　Que seul il est, auquel tout lustre abonde,
　Pour eclairer ce qu'il veut de ses yeux.
Claire, tu es du monde la lumiere,
　Si du seul trait tu eclaircissou comme,
　L'orain Mydas, qui doroit du toucher
Là ie luirois en splendeur coustumiere
　Plus clairement, que ne feit iamais homme.
　Mais nul reluist s'il n'est à ton cœur cher.

33

Beauté, beauté, le pinceau de ma peine
　Figure en moy l'obiect de ta grandeur:
　Car i'ay trassé l'admirable splendeur
　De ta vertu & chasteté diuine.
Ce beau coral ce iayet, cet hebene,
　Cet or plus fin, ce iaspe, & la valeur
　Du plus vermeil de rosine couleur,
　Ont façonné ta clairté plus qu'humaine.
Mais i'ay depeint ton lustre reluisant,
　Ton clair renom, des graces epuisant
　Toutes faueurs, les riches fruictz des Muses.
Vertu donna son plus exquis honneur,
　Pour enchasser ton pourtraict en bon heur:
　Mais ce pendant à m'obscurcir t'amuses.
　　　　　　　　　C iij

34

Nature, Amour te voulantz decorer
Pilloient l'honneur de la verte prairie,
Rembellissantz la riche pierrerie,
Qui affinoit ton nom pour le dorer.
Mais à l'enuy les Dieux vouloient parer
De ta vertu la claire broderie,
Pour soye aiantz la grand' tapisserie
De deité qui te fait adorer:
Le saint troupeau des filles de Memoire
Offrantz les dons de leur celeste gloire
T'ont celebré en leurs cœurs Phebeans.
Les rares fleurs de l'abondante Corne
Sont les tortiz de ta beauté, qui orne
L'immortel bruit du lustre de noz ans.

35

Les blondz cheueux, que i'adore en ma Claire
Sont les raions du Soleil de beauté,
Le noir sourcil, d'Amour la priuauté
Ou s'esbatant ma Claire dame eclaire.
Amour i ntend, non celuy qui altere
D'ardan soif, le desir tourmenté:
Mais de vertu vn plaisir enfanté,
Qui m'a contrainct la seruir voluntaire.
Aussi ses yeux, qui sont chastement beaux
Sont des vertus les celestes flambeaux,
Son front polly, le tableau, d'excellence.
Ses blanches mains, de iustice l'honneur,
Ses deux boutons de christalin bonheur
Sont les piliers de perfaicte plaisance.

36

Le blanc honneur, plus rare don des cieux,
  Qui embellit de tes clairtez la grace,
  Fait que ma foy en la pompeuse trace
  De tes vertus, idolatre tes yeux.
Tombent sur moy les traiz pernicieux
  Auant qu'oubly par inconstance passe
  Ton souuenir, ou que le temps efface
  Mon cœur, portrait de ton nom gracieux.
Ma foy, ma foy à ton honneur semblable
  Vray diament d'asseurance impugnable
  Plustost verra eclipser l'vniuers
Errer le ciel de course vagabonde,
  Tomber en terre & se plonger en l'onde,
  Qu'en moy tu meure & t'oublie en mes vers.

37

Laisse rigeur respirer ma triste ame,
  Fay moy mourir d'vne seule douleur,
  Sans emploier ta cruelle valeur
  En chaud glaçon & reglaçante flame.
Le feu qui sort des raions de ma dame
  M'a consumé de langoureuse ardeur,
  Mais le doux traict de sa sainte froideur
  M'a herissé de l'ennuy qui me pasme.
Et toutesfois son flambeau gracieux
  Epuise l'eau de mes larmoiantz yeux:
  Et le glaçon de sa chasteté claire
Brule mon cœur de plus ardant desir.
  Le feu & l'eau viennent s'entresaisir
  Et ie veoi l'vn en l'autre se complaire.

38

Cette prison, ou ie suis enserré
  Ne me detient, prisonnier m'enuironne.
  I'ay liberté, seruitude m'ordonne.
  Ie romp les cepz, ie suis plus enferré.
Ie suis viuant, douleur m'a enterré.
  I'ay tout vaincu, vn autre se couronne.
  Chaleur me brusle, à glace m'abandonne,
  Plaisir m'estraint, & dueil m'a deserré.
Sans yeux ie veoi, sans langue ie me plain.
  Tout au plus haut ie suis de la prison,
  Au plus profond de la fosse complain,
L'ardant ennuy de ma froide poison.
  Vn autre aimant, ie me suis desaimé.
  Ainsi ie meur, viuant sans estre aimé.

39

Tes traitz (Soleil) de leur viue pointure
  Ne sont les raiz, qui ont frappé mes yeux,
  Autre Soleil de lustre gracieux
  Trasse en sour moy plus riche couuerture.
Rien ne me sert la nuitale peinture
  Que faict la Lune apres son frere aux cieux
  Car le brandon de l'Astre precieux
  Qui m'eclaircit, est l'honneur de nature
Quand sa clairté qui doucement m'attrait
  M'a transpercé de son plus luisant traict,
  Ie ne crain point mes passions funebres,
Mais quand me poingt son ennuieuse nuit
  En clair midour, tout ce que veoi me nuit,
  Et les splendeurs ne me sont que tenebres.

40

Voudrois tu bien à ma mort consentir,
  Et n'œillader la douleur qui me pousse
  Deuant les piedz de ton image douce,
  Pour m'immolant, me faire repentir.
Il est en toy de mon cœur guarantir
  Par la pitié, qui fait battre mon poulse,
  D'espoir douteux me donnant la secousse:
  Mais ie te veoi d'humanité sortir.
(Las) faux souhaitz vous donc toutes les nuitz
  M'accōpagnez, quand seul ie voudrois estre.
  Et vous souspirs ambassades du cœur,
Me rapportez les nouuelles d'ennuitz,
  Qui font en dueilz mes iustes larmes croistre
  Pour en mes pleurs rebagner la rigueur.

41

Si enfanter vne immortelle gloire
  Pouuoient mes vers, pour te faire honnorer
  De toutz amantz, & ta grace adorer
  Comme relique enchassée en memoire.
Plus richement qu'en marbre n'en iuoire
  Prirois amour vouloir elabourer
  Ses traitz mignardz & d'or fin decorer,
  Pour engrauer sur les cieux ta victoire.
Mais cette voix, qu'on entend par trop basse,
  A peur d'ourdir vne toille yraigneuse
  Et ennoircir par honte vergongneuse
L'heureux tortiz de la diuine grace,
  Qui couronna ta pudique beauté,
  Pour esblouir mon œil en cruauté.

D

42

Si ie veux veoir quelque perfection,
Ie veoi en toy la grace Apollienne,
La grauité plus que Palladienne,
Ou gist l'espoir de mon intention.
Ce n'est le but de ma deuotion
De desirer la masse Mydienne,
Ou le thesor de largesse Indienne.
Vn noble cœur n'a telle affection.
I'aime l'Esprit, & pour luy seul ie veux
A la vertu offrir mes chastes veus,
Affin qu'Amour pudiquement honneste
Brule mon cœur d'vn flambeau radieux
Pour epurer l'imperfait de mon mieux
Le dediant à ta beauté celeste.

43

Le trait d'Amour me semble fauorable,
Mais dire on doit celuy vray amoureux
Qui n'est du corps vainement langoureux,
Ains se fichit à l'esprit secourable.
Iceluy tend au but incomparable
Du seur de fin, qui le peut rendre heureux.
Qui le corps aime il se pert malheureux,
Ne desirant qu'vn ennuy deplorable.
L'engraueur n'est pour son cyzeau aimé,
Pour son pinceau n'est le peintre estimé,
De l'homme n'est le corps, qu'vn instrumēt,
Qui sert l'esprit. Ie dy donc que la flame
Du chaste amour, n'est vil contentement
Du corpz mortel, qui aux langeurs s'enflame.

44

Cette clairté, qui chaſtement me lime,
  Fait à mon cœur le luſtre conceuoir,
  Qu'en liberté n'eut puiſſance de veoir
  Mon œil alors de trop petite eſtime.
Tout le plaiſir, qui à chanter m'anime,
  M'a aſſerui à ton diuin pouuoir,
  Sans qu'autre obieƈt ie puiſſe receuoir,
  Et qu'en mon cœur autre lumiere imprime.
C'eſt le clair ciel de ton luiſant renom,
  Duquel depend la ſplendeur de mon nom.
  Ie ne fay point aux Muſes reuerence
Pour m'enrichir du laurier Apollin.
  I'admire plus d'vne toille de lin
  Les blancz mouchoirs cantillez d'eſperance.

45

Ny les honneurs d'vne richeſſe orine,
  Ny les parfuns des odorantes fleurs,
  Ny le printempz des champeſtres couleurs,
  Ny les blancheurs de colonne iuoirine,
Ny les apaſtz de grace neƈtarine,
  Ny les attraitz des roſines douceurs,
  Ny le doux chant des trois pippeuſes ſeurs,
  Ny les odeurs de bouche Cinabrine
Ny les proietz par fol amour traſſez,
  Ny le fin or des creſpillons lacez,
  Ny le beau ciel d'vne excellence Claire,
Ny les raions des aſtres gracieux,
  Ont eſbloui par leur luſtre mes yeux:
  Mais la vertu, qui auſſi les eclaire.

46

Le Dieu subtil en fait de mauuestié
   Pour m'enchesner de ses cordes mortelles
   A redoublé ses forces plus rebelles
   Encordellant ma restante moitié:
Puis il gaigna tel credit sur pitié,
   Que ses douceurs il a rendu cruelles,
   Et de rigueur les pointures isnelles
   A fait voller contre l'heur d'amitié.
Mars est cruel brulant de semer guerre,
   Mais en fureur ma Dame le surpasse:
   Car l'vn par glaiue eteint son ennemy,
L'autre meurdrit & en prison enserre
   Souz amitié & gracieuse face,
   Moy son vassal, qui luy suis plus qu'amy.

47

La peur embloit la force de mon ame,
   Et s'emparoit du surplus de mon cœur:
   Quant ie senti vn eclair de langueur
   Me foudrier d'vne cuisante flame.
Et regardant quel homme ou quelle femme
   Me malheroit de si fiere rigueur,
   I'auise vn Dieu triomphament vainqueur,
   Qui se gaudist de mon angoisseux blame.
Pourquoy ton arc decoche tu sur moy?
   Pourquoy veux tu me malayser d'emoy?
   Vraiment ie croy que ta deité haute
Gaigne sur moy vn butin precieux,
   D'auoir vaincu vn enfant ocieux,
   Deraisonnant sa pensée peu caute,

48

Quant ie la vei (ô trompeur sens humain)
  Bien ie tuydois a son œil amiable
  Qu'elle deut estre à mon cœur pitoiable,
  Mais cruauté troubla son œil benin.
Las m'ecriant i'ay empesché soudain
  Contre rigueur, ma plainte larmoiable,
  Pensant flechir son cœur impitoiable,
  Qui se paissoit de mon martire vain.
O marbre dur de sourde ingratitude,
  Qui n'as pitié de mes cuisantes pleurs
  Dedaigne tu ma ferme seruitude?
Las du tombeau de mes tristes douleurs
  Retire moy par vn clin gracieux
  Qui gaillardize en tes celestes yeux.

49

Voulant chanter le clair nom de ma Dame,
  Et l'ensacrer au temple de memoire:
  Comme l'oyseau, qui au chasseur faict croire,
  Qu'il est au nid, que l'oyselleur entame.
A l'honnorer toutz les amantz i'enflamme,
  Et suis l'archer de sa douce victoire.
  Mais trop me nuit la splendeur de sa gloire,
  Et i'en reçoi par moymesme le blame.
Honte amoureuse & dueil au cœur me poingt,
  Quant retenir ie ne puis en moymesme,
  La grand' clairté de mon soleil luisant.
Car l'aiguillon d'amour ne change point,
  En mon esprit de loiauté extreme.
  Mais (las) ie crain quelque raion nuisant.

50

Si les destins conspirantz contre moy
Ont coniuré ma mort toute asseurée,
Pourquoy font ilz la lumiere azurée
De ta clairté serener mon emoy?
Est ce d'amour la trompereße loy,
D'ainsi pipper la constance eplorée
Dous aigrißant vne angoiße empirée
Sans gracier la plus que ferme foy?
Las ie sçay biē que toutz mortelz nous sōmes,
Et qu'Atropos encercueille les hommes.
Mais ne bastit plus d'vne sepulture
A chascun corpz, qui ne peut plus mourir.
Mon triste ennuy me fait cent fois perir,
Doubl'aiguißant le vif de sa pointure.

51

Le plus luisant de la clairté diuine,
Le plus perfait de la grand' deité,
Le plus haureux de l'Immortalité,
Le plus sacré de la vertu haultaine,
Le plus exquis de gentileße humaine,
Le plus vif de pure chasteté,
Le plus anin de vraie sainteté,
Le plus certain de richeße non vaine,
Le plus mignard de gracieux attrait,
Le plus doré du plus celeste trait,
Furent encloz au thesor d'excellence,
Encourtiné des clairs flambleaux des cieux.
Mais cet Amour, qui triomphe en vaillāce,
Ouurit sur toy ce Chaös otieux.

52

Plaifant buiſſon de mes dueilz ſecretaire,
　Loyal amy de la Nymphe eplorée,
　Qui ne reſpond à ma vois malheurée
　Par vn courroux, dõt mes cris la font　taire：
Souuant tu oys mon ame ſolitaire
　Se plaindre en vain de la Claire adorée
　Par la beauté, & par grace honnorée,
　Qui l'orgueilliſt de rigeur voluntaire.
Du Roſſignol l'enamourant ramage
　A toutz plaiſir, à moy chante dommage
　Las tu le ſcay, car l'ennuy renouuelle
Le verd printemps de ma douleur cuiſante,
　Lors que les raiz de la ſplendeur luyſante
　Me font ſeutir vne ardeur plus cruelle.

53

L'Aueugle enfant de parenté douteuſe,
　Qui eſt le Dieu des eſpritz ocieux,
　Ie dy vray filz cherement precieux
　Du diuin Ciel & de Venus piteuſe.
Car le tourment de ma foy amoureuſe,
　N'eſt qu'vn eſbat de plaiſir gracieux,
　Dont epurez mes plus que terriens yeux
　Ont contemplé la deité heureuſe.
C'eſt ta ſplendeur, le meſme ciel qui luit
　En clair amour, & enrichit le bruit
　De toy Venus en vertu reluiſante.
Parquoy Sapphon que l'amour conduyſoit
　L'enfant bienné de ton ciel prediſoit.
　Auſſi vient il de ta clairté plaiſante.

Pluſieurs ont
douté de qlz
parentz. Cu
pidõ eſtoit né
& les opi-
nions ſont eõ
uerſes.

54

Du plus exquis de la pure beauté,
  Amour filla vne treſſe feconde
  En creſpe orin, la parure du monde,
  La mignarlant par braue nouueauté.
Du plus conſtant de chaſte loiauté,
  Honneur cueillit la ſainteté plus munde
  Aux champs heureux de la ieuneſſe blonde
Pour l'entroſner en ſa grand' priuauté,
  Amour eſtend ſon amoureuſe corde,
  Pour ſe lier à l'honneur par concorde,
  Honneur le fuit, ſes fineſſes craignant.
Mais la clairté de ſa diuine grace,
  Qui ſe fait veoir l'vn & l'autre eſtraignãt,
  Toutz deux enſemble en la vertu embraſſe.

55

Mon vain eſpoir trahi de foible force
  Ia s'enuoloit aux deſſeingz pourpenſez,
  Penſant rauir tes flambeaux agenſez
  Deſſus ton beau, qui toute beauté force.
Mais les rayons d'une gentille amorce
  Qu'amour auoit à l'entour compaſſez,
  Ont eſbloui mes deſirs effacez
  Par vne ardeur, qui mon abuz renforce.
Soient ces regardz ou trompeurs ou certains:
  Ia mes penſes de leur proietz hautains
  Sont deiettez ſans ãlque eſpoir d'attaindre
A la clairté qui les abuſe ainſi,
  O doux malheur, qui me fait touſiours
  plaindre,
    Le triſte ennuy d'vn langoureux ſouci,

56

Le Dieu bandé de son plus doré trait
  Naura mon cœur d'vne amoureuse peine,
  Et l'emoullant de l'esperance vaine
  Luy engraua des beautez le portrait.
Ie pensois bien que le subtil attrait
  Se deust ficher en l'Image diuine
  De la splendeur cruellement humaine,
  Pour bienheurer le desir qui m'attrait.
Ie suis banny par moymesme de grace
  Par faux regardz me palissant en glace.
  Car la rigueur compaigne de beauté
Par vn mespris d'audace dedaigneuse
  Reiette a tort ma chaste loiauté
  Pour l'enterrer souz honte vergongneuse.

57

Naïf souz ris enchanteur de mon ame,
  Flatteur propos qui mignarde mon cœur.
  Meurtrier regard, l'amorce de rigueur,
  Gentilz attraitz les braziers de ma flame.
Voiez les dueilz qu'vne trop claire Dame
  A espanduz sur la forte langueur,
  Qui prent au fond de mes desirs vigeur,
  Et de sanglotz mon angoisse renflame.
Desemmurez le fort de cruauté
  Par la faueur de vostre priuauté,
  Et faitez veoir cette luisante face
Si clairement, que son lustre voilé
  Des fiers desdains, qui obscurent sa grace,
  Soit veu de moy chastement deuoilé.

E

58

Las te plaist il, que ie meure en douleur,
Et que l'yuer de ma vaine ieunesse,
Soit aduancé, fraudant la gentillesse
Du gay printempz de l'amoureuse fleur!
Ie le veux bien, & t'asseure ma pleur
Que des le iour, que tu feuz ma maistresse,
Vn dur amas de cuisante tristesse
S'eparpilla sur ma blonde couleur.
Mais quel prouffit de mon tombeau desires,
A quel butin par ma mort tu aspires?
Ie suis tout tien, vse à ton vueil de moy.
Clairté, clairté ma plus songneuse cure
Retire vn trait de fierté qui m'obscure.
Ne veux tu pas donner vie a ma foy?

59

Le saint troupeau allaicté de memoire,
Desus le bord du cheualin cristal,
Pria Phœbus à la ioie du bal
Pour caualler en plus heureuse gloire.
Lors Apollon dans le celeste iuoire
Monstra vn chant qu'il predisoit fatal,
Digne de l'or, le plus riche metal,
Qu'il inspira aux Muses de le croire.
Chasqu'vne feut plus prompte à le danser,
Vous eussiez veu la troupe s'agenser,
Pour douçonner cette gloire immortelle.
Cent fois le nom de Claire feut chanté.
Mais celle à toy contre le sort cruelle,
Veut que par moy ton honneur soit vanté.

60

Comme celluy qui d'excellence espris
Vantant l'object de la viue peinture,
(Que tire à soy par l'art de pourtraiture
L'œil miparlant au tableau, qui l'a pris,)
Donne l'honneur aux plus diuins espritz.
Ou qui les champz de la riche nature,
Dorez, perlez, azurez en verdure
Contemple, aussi luy donne tout le pris.
Ainsi chantant l'object de ma deesse,
Naïf tableau d'admirable icunesse,
De toutes partz enrichi du plus beau
De la clairté en or fin azurée.
Ie vante aussi la deité parée,
Qui eclaircit son lustre damoiseau.

61

Flatteurs pensers, qui enyurez ma peine,
Par la faueur d'vn amoureux desir,
Vous seulz donnez à mon ame plaisir
La mignottantz d'vne promesse vaine,
Mon espoir suit la carriere incertaine
De vostre vol qui s'efforce saisir
Le but secret, ou tend le desplaisir
Qui m'emflama de volunté hautaine.
Mais les raions de si luisante ardeur
Esblouissantz mon œil de leur grandeur
Vous ont fonduz, comme au Soleil la cire
Se fond soudain, ne resistant au chault.
Descendez donq' ne vollez point si hault.
Car il se pert, qui à trop hault aspire.

B ij

62

Sur le portrait d'excellente beauté
Diuinement feut la celeste Idée
De L'Archetype en lustre mignardée,
Comme l'honneur de riche nouueauté.
En elle feut enclose la clairté,
Le moulle exquis de l'espece guardée,
Puis au thesor de nature dardée
Feit luire vn corpz volleur de liberté.
Ell' tire à soy comme forme premiere
Qui a des cieux l'Immortelle lumiere,
Toutz les obiectz de son regard heurez,
Sans ell' aussi des belles la meilleure
Rien vif n'auroit la plaisance d'vne heure:
Ains toutz proietz se rōproiēt malheurez.

63

Ie suis damné par audace amoureuse,
D'auoir tanté le lustre nompareil
De la clairté, de mes pensers Soleil,
Faisant hommage à la beauté heureuse:
A endormi mon ame langoureuse
Du noir sson de l'Immortel sommeil.
Ainsi ladu feut banny du reueil
Endymion par l'amour douloureuse.
Mais en Latmos la Delienne seur
Fauorisant le Berger de douceur
Mignonnement de ses baisers l'appaise.
Moy malheureux, qui suis tant endormi,
Que rien ne peut me gracier de l'aise,
Estant tousiours de moymesme ennemi.

64

Ie ne veux point le clair char estoillé
De ta beauté, en grace etincellante,
Par ton front, ciel de lumiere excellante
Guider ainsi, que Phaëton voilé
De vain orgueil, duquel tost affollé
Voullut donter la bride rougissante
Des fiers cheuaux. Mais sa main lãguissante
Bruloit les cieux, qui l'ont en feu roullé.
Ie suis celuy, qui de tes yeux pren vie
Asseruissant à ton ombre l'enuie
De mon espoir, qui t'admire douteux,
Non de vertu qui reluit bienheureuse
Sur ta clairté de plaisance amoureuse,
Mais de l'ardeur de ton œil impiteux.

65

La resplendeur de ses beautez m'estonne,
Rauit mon cœur de sa grace epamé,
M'euanoiant de son lustre enflamé,
Plus reluisant, que celuy de Dionne.
Sa main m'estraint, qui tout ennuy m'ordõne
M'ensepulchrant cõme un corpz phãtosmé,
Et m'euentant de mon heur embasmé
Au noir tombeau de langeur m'abandonne.
Ainsi ie suis vainement bienheureux
De contempler ses astres amoureux:
Et admirant des beautez la plus claire
Ie meurs soudain de force depouillé
Autre n'estant qu'vn phantosme euollé
De son tombeau, pour le vif contrefaire.

E iij

66

La grand' vertu veut estre louangée,
  Car sans les chantz de la lyrique vois
  Seroit esteint l'immortel bruit des Rois
  Et leur grandeur par le tempz outragée.
La roiauté ne peut estre vangée,
  Ny de la mort, ny des malins abois
  Par le renom des politiques lois,
  Ny par l'honneur de statue erigée.
Si du laurier mon chef enuironné
  Par les neuf seurs me vantoit estre orné:
  Si i'auoi l'art de Ronsardine grace,
Pour couronner ta luisante beauté:
  I'eclaircirois des chantz la nouueauté
  Eternizant de tes vertus la trace.

67

Malgré le tempz qui les eages deuore,
  La grand' clarté de ta vertu luira,
  De tes beautez l'excellence bruira
  Depuis Paris iusque au Thule & au More.
Malgré la mort, la nouueauté qui dore
  Par toy noz ans, son lustre honnorera.
  L'eage futur son nom adorera
  Te reuerant comme viuante encore.
Malgré les verz, la terre gardera
  Tes oz sacrez, quand le tombeau sera
  Ouuert pour toy, qui ne pourra se clorre,
Pour ton saint corpz de bonheur engrandi.
  Si lors ie vei, malgré ton ombre hardi
  M'efforcerai en ton tombeau m'enclorre.

68

La mort pourra (malheureuse pensee
  Ause tu bien tel desastre chercher?)
  Les blondz cheueux de ma Claire arracher
  Sa resplendeur par la grace agensee,
La rareté de couleur vermeillée,
  L'Aurorin teint, plus que mon ame cher,
  Doigtz iuoirins trop promptz à decocher
  L'arc amoureux de cruauté mellée,
Les deux boutons de cristal emperlez
  Qui sont deux rangz des thesors egallez
  Du paradis d'amoureuse plaisance.
Mais la vertu immortel don des cieux,
  Qui enchassa ton esprit precieux
  En chasteté, n'a de mort congnoissance.

69

Las s'il aduient, que l'ennui tenebreux
  En mon malheur ensepulchre mon ame,
  Et le flambeau de dueil luisante flame
  Me dresse vn lit au tombeau funebreux.
Si le destin à quelqu'vn plus heureux
  Fauorisant, le conioint à ma Dame,
  Qui par courroux son pudique honneur bla-
  Decolorant son visage amoureux.   (me
Pour reuenger sa beauté venerable
  Du foible effort de l'homme miserable,
  Ie renaistrai plus qu'vn Iöle fort,
Qui reuiuant sauua du fier Eurysthe
  Les filz d'Hercule en captiuité triste
  Puis renauré s'eterniza par mort.

La fable de
Iolaus est de
clairée es cõ
mentaires sur
l'ode ix des
Pythies de
Pindare.

70

Le ciel pilla les thesors de la terre,
  Pour compasser le moullé de beauté.
  La terre aussi embla la nouueauté
  Du plus grand heur que le destin enserre.
Le ciel ialoux en toutz ses globes erre
  Pour enuillir par sa felicité,
  Des elementz la prodigalité,
  Contre lesquelz il a iuré la guerre.
Il veut auoir de t'embellir l'honneur,
  Les elementz attraitz du terrien heur
  Veullent donter la celeste vaillance.
Et d'autant plus que l'vn te veut dorer,
  Les autres sont à ton lustre honnorer
  Plus liberaux en leur large excellence.

71

Si d'autre feu, mon œil est consumé,
  Que de celui de tes flames luisantes:
  Soit à iamais des fournaizes cuisantes
  De Phlegeen moy le brazier allumé.
Si d'autre trait mon cœur est entamé,
  Que de celui de tes clairtez puissantes:
  Tombent sur moy les tempestes nuisantes
  De Iuppiter pour me rendre abismé.
Si autre obiect attire à soy ma vie,
  Que ton portrait, instinct de mon enuie:
  Sous deguisé de toutz fermes desirs.
Mais si le feu, le trait, l'obiect de grace
  M'ont asseru aux seulz clins de ta face,
  Tire à leur bornes dessignez plaisirs.

72

Repren Soleil ta diuine clairté,
  Des feux iumeaux de la claire pucelle:
  Ou bien tes traitz de plus viue etincelle
  Darde sur eux tyrantz de liberté,
Pour deglacer la fiere cruauté
  Qui dans leur ciel traistrement se recelle
  Et d'autant plus, que leur splendeur excelle,
  Me fait sentir le courroux de beauté.
Mais tant me plaist leur mortelle pointure,
  Que leurs eclairs epasmantz ma nature
  M'ont egaré en leur luisante ardeur,
Aussi sont-ilz, qui mes larmes essuient
  Par l'or ondé des tresses qui m'apuient
  Sur le printemps de leur chaste verdeur.

73

I'abhorrissois les faueurs d'vne amie,
  Ne me voulant esclauer au malheur,
  Que ie craignois me combler en douleur.
  Mais ie suis prins au ioug d'vne ennemie.
Helas rigeur en ma face blémie
  A peingt ennui du pinceau de langeur!
  Ie s'enrenfler de passions mon cœur.
  Mais ie me plain à l'oreille endormie.
Amour, Amour, si tu as quelque fois
  Voulu hausser l'humble vol de ma vois,
  Fay maintenant qu'on entende les pleurs.
Et les souspirs ebondez de mes pleintes,
  Qui sont si bien en mon visage empreintes,
  Que lire on peut mes discours de douleurs.

F

74

Les fiers Geantz pour echeller les cieux,
Se font armez de force audacieufe,
Pyramidantz la maffe vicieufe
Des montz dreffez à la crainte des Dieux.
Mais du grand Dieu le foudre rigoreux
Deforgueilliſt la bande Porphyreuſe,
Encendroiant en la poudre Phlegreuſe
L'inique effort de l'affault malheureux.
Ainſi mes yeux renforcez de lumiere
Pour affaillir ta clairté couſtumiere,
Penſoient donter ton luſtre gracieux.
Mais ta beauté comme etoille brillante
Darda ſur moy le foudre de tes yeux,
Qui m'a brulé à cflame violante.

75

Si doucement ta grand' clairté me tante,
Que ie ne veux plus prompte guerison,
Que de mourir en la douce priſon,
Ou le plaiſir moingz qu'ennui me contente.
I'ay deſiré na langeur violante
Defangoiſſer par la libre raiſon,
Pour franchement eſtimer la toiſon
De tes cheveux d'orfileure excellante.
Ainſi Amour ma iournalliere peine
Mon triſte cœur obſtinement domaine,
Et à grand tort en pleurs le fait reſoudre.
Dont ia eſteint & brulant à moitié
En brief ſera cuiſant deluge, ou poudre:
Si degenne le le veut ta pitié.

76

L'an est trois fois à mon malheur coullé,
  Qu'Amour frizant l'orcheueleure blonde,
  Riche ornement, & clair thesor du monde,
  A le pouuoir de mon ame volé.
Sans que le feu par flame reuelé,
  Qui s'atisoit en ma plaie profonde
  Peut s'eclaircir de la lumiere munde,
  Qui tient mon cœur d'esperance voilé.
Il voltigeoit en tes yeux etoillez,
  Se plaisantant es sourcilz egallez.
  Qui le vray ciel de mon ame amoureuse
En arc perfait voutent subtilement.
  Tes blaches mains tenoiët la chesne heureuse
  Et enlassoient ce beau crespellement.

77

De quoy me sert ce traistre esbattement?
  Ou les plaisirs deplaisantz font mon ame
  Viure d'espoir, & angoisser de blame,
  Rire & pleurer d'vn gracieux tourment.
Cette faueur de feint contentement,
  Qui m'enuieillist souz otieuse flame,
  Pippant l'espoir, qui m'attrait à la Dame,
  Du chaste Amour le Celeste ornement.
Partant tu vois en ton ciel ma Déesse
  Les traitz d'Amour que tu m'as decochez,
  Naurant le pur de ma tienne ieunesse,
Vouée à toy comme seulle princesse
  De ses desirs à ta pitié fichez.
  Sur toy veux tu debander ta rudesse?

           F ij

78

Doy-ie chanter la mignarde pucelle,
   Qui souz le beau de claire chasteté,
   (Le plus diuin de graue sainteté)
   Vn humble orgueil de fiere vertu cele?
Helas le traict que son lustre etincelle,
   Or les plaisirs de triste liberté,
   Or les ennuitz de meurtriere clairté
   Sur les souhaitz de mon cœur amoncelle!
O resplendeur qui eclaircit les nuitz
   De mes tourmentz & douloureux ennuitz,
   Laisse les dards qui te rendent guerriere,
Et voy mon cœur par tes rigeurs cassé!
   Dedaigne tu l'obiet qu'il a trassé
   De ta clairté en grandeur doucefiere?

79

Cet œil sorcier, qui mes pensers attrait,
   Pour encharmer mon ame deguisée
   Par le regard de ta face prisée,
   M'a par courroux de moymesme distrait.
Oeil gracieux duquel sortit le trait,
   Qui a navré de douleur insensée
   Le seur desseing de ma vie offensée,
   Et au profond de mon cœur s'est retrait.
Oeil enchanteur de ma peine amoureuse
   Qu'vn doux venin detrempe à mon desir,
   Si fort cuisant de rigeur doucereuse
Que suis contrainct sacrifier à toy,
   Dame cruelle & prompte à deplaisir
   Le sang loial ou se baigne ma foy.

80

Amour fraudant la grace fauorable,
  Qui s'elachoit de ton clin precieux,
  A debandé le voile de ses yeux
  De son regard m'epasmant miserable.
Le saint brazier de vertu honnorable
  S'est lors estaint, me laissant otieux,
  Plaindre l'ennuy que l'œil malicieux
  Faict conceuoir à mon cœur deplorable.
O toy qu'on dit des amoureux le Dieu,
  Qui dans l'œil vif de ma claire a prins lieu,
  Ne pense point que ta flame impourueüe
Puisse allumer plus ardemment mon œil,
  Que l'esblouist la plus luisante veüe
  De la clairté, mon vnique Soleil?

81

Morne penser, qui farouche ma vie,
  La deuoiant du sentier de raison,
  Pour l'enchesner en l'estroite prison
  Du faux espoir, ou l'erreur te conuie.
Ton vain souhait qui de douleur s'enuie
  S'espine aux retz de flateuse poison,
  Et se couurant souz la feinte toison
  D'vne amitié, de grace se deuie.
Heureux cellui, qui d'vn proiet certain,
  Ne court errant par le penser hautain:
  Ains constamment en son desseing s'asseure.
L'extreme but de la felicité,
  Qui l'esperant sans le tromper bienheure
  Est le vray bien de l'immortalité.

F iij

82

En vn espoir qui mon ame caresse,
  Ie regardois la bienheureuse trace,
  Qu'auoit suiui pour aller à ta grace
  Mon cœur frayant de son malheur l'adresse.
I'ay veu beauté l'Idole de paresse,
  Le clair honneur engraué sur ta face,
  Et la vertu qui tout lustre surpasse.
  Mais à pleurer ta cruauté me presse.
Car larmes sont d'amour les chaudes pluies,
  Ou ie voudrois auoir baigné mon cœur
  Pour epuiser la naïue liqueur
De ta pitié datrice de cent vies,
  Ou degeler la froide cruauté
  Qui chastement englace ta beauté.

83

Cette clairté qui te rend admirable
  A merité la souueraine main,
  Non d'Apelles ou d'autre peintre humain
  Pour la tirer de couleur memorable.
Si tant le ciel se monstroit fauorable
  A mon desir, & ton œil plus benin,
  I'efforcerois de ton obiect diuin
  Trasser les traitz en tableau perdurable.
Indigne suis de si rare excellence,
  Et mon esprit la voullant honnorer
  Demeure froid sans aulcune puissance.
☉ bienheureux qui pourra decorer
  Le pur naif de ta luysante face!
  Et plus heureux le mignon de sa grace.

84.

Ce front luysant, & ces tresses dorées
  Beaux passements de tes graces diuines,
  Ce iust rosat, dont tes leures sont pleines,
  Et ces rayons d'etoilles adorées,
Qui du hault ciel de tes clairtez parées
  Dardent cent traitz de cruautez benines,
  Qui sont fichez au profond de mes venes,
  Me font chanter tes splendeurs honorées.
Mais ta rigeur, qui sur mon ame iette
  Les traitz meurtriers d'amoureuse sagette,
  Graue en mon cœur de son aygre pointure
Le fier desdain qui en douleur m'embraise
  Si cuisamment que sans cesse i'endure
  De toutz ennuitz l'incurable malaise.

85

Par l'alambic des Cypriennes roses
  Venus vne eau de parfun doucereux
  Feit distiller, pour les cœurs chaleureux
  Desenflamer par les odeurs encloses.
Ma Claire y court sans mignarder ses pauses,
  I'erre suiuant vn sentier malheureux:
  Car ie crainguois que son lustre amoureux
  N'emblast le iust par ses graces decloses.
Venus voiant si luisante clairté,
  Laissa ses eaux & senteurs à ma Dame,
  Amour suruint pour venger si grãd blame,
Lequel priay rendre ma liberté:
  Mais il ietta le marc dessus mon ame,
  Me consumant des feuz de sa fierté.

86.

Quand de beauté le reluisant ouurage
Ie vei en toy par amour compaßé,
Dedans cet or & filet enlaßé
D'vn crespillon frizé à l'aduantage.
Ie fei soudain à ton honneur hommage,
Ne pensant point que peut estre traßé
Le fier licol, qui à mon cœur caßé,
Sur le mestier de ta rosine image.
Ie suis pendu à la douce cordelle
De la beauté humainement cruelle.
O cœur felon plus pierreux qu'vn rocher
Qui t'a fardé d'amorceuse merueille
Pour abuser par ta bouche vermeille
Celui, auquel ton seul plaisir est cher!

87

Ie ne veux point rauir les etincelles
De son clair ciel ny les diuins flambeaux
Du chaste feu, scintilles d'amoureaux,
Ou les amantz souffrent peines cruelles.
Guider ne veux les excellences belles,
Les clair räions des soleilz damoiseaux
Que luir on voit par les globes plus beaux
Des saintetez en graces immortelles.
Mais ie veux bien que ce trait fleurißant,
Qui en faueur tousiours luit verdißant
Darde vn raion de sa clairté plus douce,
Pour desaigrir le tenebreux emoy,
Qui au tobeau de toutz ennuitz me pouße,
Disgraciant mon immuable foy.

88

88

Le blond Soleil de noire obscurité
  plus clairement ne depouille le monde:
  Que le chaste œil de mon estoille blonde
  sur mes desirs raïonne sa clairté.
Nul astre luit au hault ciel arresté,
  Nul des sept feuz, qui tant de biẽs feconde,
  Que mon Soleil (ou la richesse abonde)
  Lança sur moy tirant ma liberté.
Plus doux accord n'est aux globes celestes
  Qui toutesfois ne peut estre entendu
  Par l'homme sourd, or qu'au ciel ayt tendu:
Que les concentz de ses astres modestes,
  Dont n'est à moy le diuin son rendu.
  Mais ie veoi bien ses lumieres honnestes.

89

Vn vain espoir fait ma peine enuoller
  Iusques au ciel de sa diuine grace:
  Là vn souspir sa deité embrasse,
  Se promettant quelque faueur voller.
Ie sen alors vn fier œil m'enuoiller
  Par vn mespris de pudique disgrace.
  Dont le desir qui tel malheur me trace
  Me fait en dueilz honteusement rouller.
Quand telz ennuitz demalaiser i'esforce
  Ie suis surpris d'vne amoureuse force
  Qui en langeurs redouble mes tourmentz,
Amour subtil au dueil tant me façonne
  Qu'en mes pẽsers les plaintes ie moißonnę,
  Les choysißant pour mes esbattementz.

G

90

Si c'eſt le ciel, qui deſtine ma vie
 A tel malheur par l'Aſtre de beauté,
 Qu'aſſeruiſſant toute ma loiauté
 A ta ſplendeur, ie fraude mon enuie;
Le fier deſtin vainement me deuie
 Du ſeur proiet traſſé par primauté
 Au but certain de chaſte cruauté,
 Qui à languir doucement me conuie.
Si ie pouuois encirer mon pouuoir
 Pour l'emplumer de ſon fatal deuoir,
 I'oiſellerois le vol des deſtinées
Pour engluer la loy de mon bonheur.
 Mais (las) ie crain l'Icarien malheur
 Qui naïeroit mes forces obſtinées.

91

Gentil eſprit le plus mignon des cieux,
 Excite en moy vne flame diuine,
 Pour aſſiner ma pudique poitrine
 Qu'enroüille vn dueil de penſer otieux.
C'eſt c'eſt mour, qui rend victorieux
 L'eſprit du corps, & à toy m'auoiſine
 Pour depraijer cette cruelle eſpine
 Du beau rſier de tes celeſtes yeux.
Mignon vergier de chaſteté roſine
 Ne laiſſe point ta blandice Cyprine
 Affriander le volage amoureux.
O moy trop ſot! qui veux conſeiller ore
 Cette vertu qu'en mon ame i'adore!
 Si chaſte humeur s'enuole au ciel heureux.

92

Facët les Dieux quãd ilz voudrõt descendre
L'immortel bien de leur felicitez,
Ia ne luiront leur saintes deitez
Si clairement, que ie m'y vueille rendre.
Le braue honneur qui sur toy vient estendre
Le sort secret des immortalitez,
Rauit de moy toutes fatalitez,
Pour de ton ciel heureusement dependre.
En toy les Dieux de mon viuant desir,
Promettent l'heur de l'eternel plaisir
Par les regardz de leur claire influance.
Et les attraitz qui guident les flambeaux
De tes Soleilz en toutes clairtez beaux,
Lancent les raiz de leur viue excellence.

93

Lors que Cæsar toutz les droitz violant,
Bruloit son cœur de son propre dommage,
De fieres pleurs feit offrande à l'image
De l'Empereur en grandeur excellant.
Puis dans le sang de sa mere souillant
Ses traistres mains feit vn piteux outrage
Pour luy voller le publiq' aduantage,
Qui luy brisa son orgueil violant.
Enflé de l'heur de ta luisante gloire
Ie surmontois par force ta memoire,
Me guerroiant moymesme courageux.
Mais le desir de ta liberté viue
Rompit le but de ma fierté oisiue,
M'empourprerant de mon ennuy saigneux.

G ij

94

Mythrida- *Le Roy de Pont, des Romains la terreur,*
tes. *De ses honneurs depouillé miserable,*
 Pour se sauuer du vainqueur implorable,
 Lança sur soy sa cruelle fureur.
Et enragé de l'homicide erreur
 Charcha le bien de poison fauorable,
 Qu'autre venin rendit insecourable,
Mais par l'espée il mourut en horreur.
 Ainsi l'appast de ta poison friande,
 Que le nectar de ton lustre desbande
 Dessus mon cœur, qui s'en nourrist heureux,
Fait qu'à iamais autre bouquon n'ayt place,
 Pour donner mort à mon cœur douloureux,
 Qui n'a secours en inuoquant sa grace.

95

Ce feu secret qui nourrist ma pensée
 Brule l'ardeur de ma flame natiue,
 Comme allumé d'vne torche plus viue,
 Par le brandon de ma plainte insensée.
De tel flambeau ma loiauté blessée,
 Contre son bien temérement estriue,
 Car la rigeur qui de toutz biens la priue
 L'a de t'aimer piteusement lassée
Me reprens tu d'inconstance volage!
 Pense tu bien que mon dueil ie soulage
 Pour m'estranger de ta cruauté forte!
Non, non, croy moy, que me rendant mon ame
 Et me laissant ma naturelle flame,
 I'allumeray vn feu de mesme sorte.

96

Mour ay-ie donc par l'amoureux flambeau,
　Que l'aiguillon de mon malheur renforce?
　Ce doux orgueil de la benine force
Ne voit-il pas mon desir son tableau?
I'ay ia vn pied dans l'oublieux tombeau,
　Le Nautonnier de me passer s'efforce,
　De m'embarquer auec luy ie me force.
Mais par malheur m'en retire l'œil beau.
C'est la clairté qui rebat en mon cœur
　Du beau miroir de la veüe eclairante,
　Auquel Amour s'esmerueillant se mire.
Et luy qui est de toutz autres vainqueur
　Se sent donter de la beauté dorante,
　Le riche acier, ou se voyant s'admire.

97.

Comme par ventz émeuz & courroucéz
　Les mariniers en la barque perdue
　Sont çà & là iettez perdantz de veüe
Les hautes tours & contre rocz poulsez.
En plus grand' mer mes desirs élancez
　Auant qu'auoir la nef d'amour conuenue,
　Qui prenoit port à mon ame impourueüe,
　En diuers lieux ont esté balancez.
Iceux au port ou ilz ont aspiré
　Trouuent repos & leur nef arrestée
　Resiste aux ventz & la marine orage.
Arriué suis au port qu'ay desiré
　Et de ma foy i'y ay l'anchre iettée.
　Que d'y-ie port! mais destroit de seruage.

98

Celeste obiect chef d'œuure de natute
Tu as raui ma muse enamourée,
D'entre les mains de la troupe honnorée
En Helicon, par ta sainte pointure.
Doncq' à mourir heureusement m'asseure
Par ta sagette à la pointe dorée,
Car de mon cœur estroitement serrée
Viens enchesner l'esperance pariure.
Tu as ton cœur (ainsi le mien ie nomme)
Toutz les thesors de ma pauure richesse,
Mon biē, mō mal, mō corps, puissāce & ame.
Ainsi ie suis le plus malheureux homme
Qui soit viuant, si ta noble largesse
Ne m'enrichist pour detrister mon blame.

99

Ie m'efforçois empescher la clairté,
Qui se trassoit vne fiere vaillance
Sur les haultz cieux de diuine excellence,
Pensant garder ma seure liberté.
Mais le clair trait d'indontable beauté
Naura mon cœur de son orine lance.
L'oracle heureux, qui a ses piedz m'élance
M'enuoie à l'heur de mesme cruauté.
Guery moy donc de ta lance de grace,
Lance qui fait que mon ame trepasse.
Ainsi Achil de Telephe eut pitié.
Helas, helas! iour & nuit ie souspire,
Et tout le bien qui de mon cœur respire
Flechit à toy j'pudique amitié.

100

I'enflois mes chantz de côplainte amoureuſe,
  Quand noſtre Roy ſon peuple ſoulageant
  Les magiſtratz mettoit à chaſque gent,
  Pour retrencher leur peine malheureuſe.
Ie pourſuiuois ma plainte langoureuſe
  Quand le malheur ſon dépit courageant
  Troubloit mon cœur de courroux s'outrageãt
  Contre le rapt d'vne loy rigoureuſe.
Tu es trompé iniuſtement Amour
  Du bien gardé en ton luiſant ſeiour.
  Venus tu es de ta moitié mon ame
Viue en langeur, qui par deſir mutin
  Viôle à tort d'Amour le ſaint deſtin.
  Malheureux eſt, qui de foy reçoit blame.

EN CLAIRTE L'OEIL
S'ESBLOVIT.

Velle fureur vient souffler en
  mon ame
La sainte ardeur de l'inspi-
  rante flame,
Qui rauissant mon esprit ia cõ-
traint
A obeïr à l'horreur qui l'estraint,
Presse mon cœur de si terrible force,
Qu'à forcener tout tresaillant s'efforce!
De quel laurier s'est mon chef couronné.
De quelz Demons me suis-ie enuironné?
De la frayeur pantoye mon aleine.
Ioïe sens toute ma teste pleine
D'vn tremblement, qui dresse mes cheueux,
Me chatouillant plus fort que ie ne veux.
Rien n'est en moy que fureur ne secoüe:
Et ne sçay point quel Dieu de moy se ioüe.
Est-ce Apollon, le prince Cynthien,
Le Thymbréau, le vainqueur Pythien,
Qui enrichit de sa perruque blonde,
De son oracle & science le monde,
Est-ce luy donc qui me tempeste ainsi?
Qui brusquement m'agite my-transi!
Mais puis (ô Dieu) que ta grandeur m'a-
folle,
Vien animer de ta begue parolle

                              La

La foible voix qui ia veut aspirer
Au seur destin, qui la fait esperer
Le bien heureux de l'immortelle gloire?
Emplume la des esles de memoire?
Pour or voller au mont Aönien,
Et m'ensacrer au cœur Meönien,
Affin qu'eslé du Syreneux plumage
Malgré Iunon ie degoise vn ramage
En ce verd bois, palais des Demydieux:
Ou m'escartay du vulgaire odieux,
Pour à l'ennuy des Nymphales carolles
Chanter d'amour les mignardises folles.
Mais plus troublé d'vn Demon amoureux,
I'enfante en moy vn discours plantureux,
Ou i'ay conceu la racine nouuelle
Du chaste amour, qu'en mes chantz ie reuelle.
Celestes sœurs, qui aimez tel Amour
Rauissez moy en vostre heureux seiour
Et m'enyurez du saint nectar d'Ascrée
Pour engloirer ma lyre à vous sacrée
    Dans le vaisseau, ou l'vniuers enclos
Se debattoit par vn brouillé Chaös,
Le vent diuin, qui les destins embrasse
Souffla l'ardeur de l'immortelle grace
Pour démeler tel desordre otieux.
Cette clairté, qui dechargea les cieux,
Du lourd fardeau de l'obscure matiere
Premiere feut qui en saillit entiere,
Rangeant les corpz du monde en amitié
Par doux repos d'amoureuse pitié.
Puis ordonnant des elementz les places
Ainsi borna leur concordantz espaces,
                                    H

Que l'vn voisin deux contraires vnit:
Si fermement leur distances ioingnit,
Qu'arondissant leur diuerses natures
En propres lieux, feit que les couuertures
De chasqu'vn deux suiuent les qualitez,
Des plus prochains aux immortalitez.
De ce grand Tout les luisantes lumieres
Rendit au bal en ordre coustumieres,
Sept ell' choisit, qu'en sept globes ferma,
Au bransle ainsi chasqu'vn d'iceux forma,
Que le plus hault sans forte violance
Paisiblement l'autre entourne en la dance
Par doux accordz & sons melodieux,
Gaignantz le nom des toutregardätz Dieux.
Plus hault assit les flames infinies
Tant en leur cours & espaces vnies,
Qu'on les diroit de cloudz Diamantins
Auoir esté fichées par destins,
Comme portraitz des ames immortelles:
Elles aussi au bal se rendent telles,
Qu'enuironnants de leur plus large tour
Des autres sept le separé contour
Comblent en son la celeste harmonie.
Nul ciel plus haut à la dance denie
De sa faueur l'accord melodieux.
L'enthusiasme infus du vent des Dieux,
Desembrouillant les diuines Idées,
Les a aussi au bal d'amour guidées.
Tout dance au ciel, ioieux d'estre sorti
D'vn tel Chaös, ou rien n'estoit parti
Pour le debat de la confuse guerre.
Chasqu'vn branlant en son siege se serre

La resplendeur qui le tout bienheura
Du saint repos, duquel enamoura
La terre aussi de l'vniuers le centre,
Est la vertu, qui effondra le ventre
Duquel toutz biens sont au monde epanduz.
Comme boutons des arbres repanduz
Au gay printemps esmaillent la richesse
Du pré pompeux en la verde largesse.
Ainsi tombait de ce vaisseau declos
Le riche amas du demelé Chaös
Eparpillant la pompe bienheureuse
Des chers destins de concorde amoureuse.
Mais puis que tant cette clairté de Dieu
Fauorisa du monde chasqu'vn lieu:
Que n'oubliant du plus bas la concorde
Ell' assoupit son haineuse discorde,
Ne deuon nous du saint nom couronner
Sa deité, & sa gloire donner,
Telle que Dieu, ou sa haulte prudance
(Qui l'vniuers de sa vertu balance)
Retint pour luy le monde façonnant?
Et si l'honneur de vertu foysonnant.
En mil' heureux, mille, cent mil encore
(Desquelz le nom ce grand temple decore)
A mis au ciel les plus cheris des Dieux.
Pourquoy ce lustre entre toutz radieux
Naura le lieu de gloire plus hautaine?
Sans luy n'estoit la louange certaine
De la vertu ny triomphant l'honneur,
Tousiours confus le destiné bonheur
N'eust eclairci les excellences telles,
Qu'on voit orner les places immortelles

H iij

Des plus hæultz cieux pleins de diuinitez,
Le nom sacré des saintes deïtez
N'eust enrichi les fameuses victoires,
(Vrais ornementz, qui tapissent les gloires)
Rien n'eust sorti en lumiere du iour,
Tout feust caché dans vn obscur seiour:
Entre les Dieux, les princes heroiques,
Les vertueux en trophées belliques,
Et les Geantz de la terre enfantez
Audacieux en orgueil euantez,
Hommez sans cœur, endormis d'ignorance.
Rien n'euf faict veoir la claire differance.
Ny Iupiter, Mars, Apollon, Venus,
Pallas, Mercure eussent esté congneus,
Iunon, Vulcan, ny toute la grand' troupe,
Qui dans le ciel pour ses vertus s'entroupe.
Ce vent diuin, cette sainte vertu,
Qui ordonnant le Chaõs abbattu
A tant heurez de sa grace feconde
Toutz les quartiers de ce debrouillé monde,
Est l'ornæ ment, qui premier decora
De sa grandeur le ciel, & honnora
Tout l'vniuers d'amitié fauorable.
Il est vn Dieu en prudence admirable,
Le premier né de toutz ceux qui sont mis
En deité, comme du Grand amis.
C'est luy, duquel l'indontable puissance
Flechit les Dieux souz son obeissance,
Donte le ciel, les elementz, le Tout,
Qui est enclus en l'vn & l'autre bout
Ou le soleil branche ou dresse sa teste.
Iusqu'aux enfers transperce sa conqueste.

Toutz les oyſeaux, qui degoiſent en l'air,
Les animaux, qui ſouz le luſtre clair
Du riche entour de la grand' couuerture
Suiuent le cours, que leur bonne nature,
Viuantz heureux de raiſon iouiſſantz
Ou par inſtinct de l'appetit paiſſantz,
Sont aſſeruis à l'inſuiable force
De ce grãd Dieu, ſans qu'a vaícre il s'efforce:
Sans luy l'honneur des gemmes & des fleurs
De l'or, argent, des metaux & couleurs
Perdroit ſoudain ſa louange priſée:
Concorde auſſi entre eux fauoriſée
Si proprement agenſe leur valeurs
Qu'elle regnant' on ne voit les malheurs
Courir ſur eux, pour brouiller leur richeſſes.
Car chaſqu'vn rit en ſes pures nobleſſes.

    Mais de quel nom ce Dieu tant honnoré
Dire ſe peut en gloire decoré!
Eſt ce l'accord de la diuine dance?
Eſt ce vertu d'immortelle prudance?
Eſt ce l'honneur de la bande des Dieux?
Eſt-ce le trait qui alonge les yeux
Du blond Soleil, pour les lancer en terre?
Eſt ce la main, qui l'vniuers enferre,
Le tournoyant a ſon ayſé plaiſir?
Eſt ce vn deſtin, qui refrene deſir?
Eſt ce celluy, qui enclot les Idées
Comme Archetype au dernier ciel gardées:
C'eſt, c'eſt Amour, ſeul digne de telz noms,
Tant enrichi des excellentz renoms,
Qui font voller ſa diuerſe puiſſance:
Que tout eſt plain de ſa grand' connoiſſance.

                    H iij

Le Dieu des Dieux premier & plus puissant,
Le ciel guidant & le tout vnissant,
De l'Vniuers l'accordante harmonie:
Non de Porus & la triste Penie
L'Aueugle enfant, mais leur pere Conseil
Qui regardant par les yeux du Soleil
La pauureté & richesse feconde
Les vient vnir pour empeupler le monde.
Non de Venus l'enfant ou seruiteur,
Mais de beauté le souuerain auteur,
Qui desirant la venuste excellence
Close au Chaos, par sa claire vaillance
La descouurit à la diuinité,
Puis l'estalla deuant l'humanité.
Quel plus beau nõ? quelle grãdeur plus grande
Puis ie vouer à sa gloire en offrande?
Asses reluit d'Amour le nom sacré,
Nom tout diuin, nom de l'honneur astré,
    Le ciel constant de l'amitié durable,
Qui embrassoit d'vn accord fauorable
Le tour luisant de ses globes diuers
Comme immortel, inforçable, vniuers,
Ne craignoit plus la confuse rouillure
Du viel Chaos, ny la lourde brouillure
D'obscurs debatz, en son entour heureux.
Lors il pria le pouuoir amoureux
De ce grand Dieu, qui à toutz donne vie
D'accompaigner les hommes pleins d'enuie,
Mortelz, noisifz, la fortune suiuantz,
Plus incertains en faueurs, que les ventz,
Meurtriers de paix par ireuse discorde,
Cruelz, felons, suillantz misericorde

D'vn voile obscur, dont s'aueugle leur cœur,
Qui en leur sang nourrissent la langeur,
Enflez d'orgueil allumé de vengeance,
Pour ne donner à leur vice allegeance.
Le ciel craignaut que par debat mortel
Ne feust troublé son repos immortel,
Induit Amour à descendre en la terre,
Pour deuancer cette panchante guerre
Combien qu'vn Dieu ne peut viure qu'aux ci-
Pour la douceur du nectar gracieux   (eux
(Qui est le bien de la beatitude)
Rien ne fuiant plus que la terre rude:
Il toutesfois le plus benin des Dieux
Laissa du ciel les palais radieux
Et emplumé des esles de prudence,
A fendre l'air d'vn vol leger s'auance:
Passant d'Atlas le celeste fardeau
Voile ses yeux d'vn moings diuin bandeau,
Pour n'epourer par sa clairté diuine
L'homme esbloui du regard qui chemine
Par les erreurs du corpz soumiet à mort.
Aussi ce Dieu ne voullant faire tort
A la faueur de sa luisante grace
Nouuellement eclose de la face
De l'vniuers en sa forme ordonné,
S'enquiert du filz de Iapet couronné
Du tour des cieux reposantz sur sa teste,
Si rien brasloit souz son estoillé feste.
Atlas aussi des estoilles le cours
Demande au Dieu qui guide leur contours
Et arondit leur lumieres balantes
Dardant les raiz de leur fleches volantes,

Pour feconder de la terre les champz,
Et eftonner de clairté les mefchantz.
Mais admirant vne trouffe excellente
Riche des traitz à pointe violanté,
L'vn argentin femblable à la beauté
De l'Ideale & fainte nouueauté
De l'Archetype en deité illuftre,
Et l'autre orin luifant de mefme luftre,
Que du Soleil les raionnantz flambeaux.
S'equiert d'Amour pourquoy les traitz fi be-
Il veut porter auec fes promptes efles.　(aux
Il les penfoit eftre les eftincelles
Des blondz raions du Soleil effaceur
D'autres clairtez, & de fa blanche fœur.
Le Dieu riant refpond au Roy des Mores.
Ignore tu de ma puiffance encores
La grand' vertu, qui accorde les cieux?
Mes traitz diuins font deux dardz precieux
Forgez au ciel pour tranfpercer les ames
Du plus pointtu des glorieufes lames,
Qui d'amitié polie heureufement
De fainteté, font qu'amoureufement
Deux efpritz foient d'affections femblables
De la vertu amantz inuiolables.
Mon trait orin plus excellent que l'or
Dore les cœurs, enchaffant le thefor
De chafte amour en leur ames dorées
De la beauté les vertus honnorées.
Mon trait d'argent l'innocence blanchit,
Et puis en fin les efpritz enrichit
De deité, quand il graue la gloire
De telz amantz au ciel de la memoire.

A tempz ce Dieu sa response finit,
Et repensant aux hommes qu'il bannit
De sa faueur, sans reprinse s'enuolle,
Et s'egalant à l'vn & l'autre pole
Entre les deux il s'arreste constant,
Pour decocher ses traitz qu'il prise tant,
Et retenir l'amitie secourable
D'hommes mortelz en loiauté durable.

  Au tempz heureux d'orine pureté
Que reluisoit la blanche saintete
Desouz les lois de l'Aurorine Astrée,
Et l'equité d'innocence sacrée
Iugeoit aux cœurs iustement courroucez,
Les differentz des hommes offencez,
Sans tempester du Magistrat la teste,
Que nul bruloit de l'aueugle conqueste,
Qui du bandeau de triste ambition
Sylle l'honneur de saincte affection:
Amour le Dieu, qui la iustice accorde
Tendit vn retz d'immortelle concorde
Pour enlasser les mutuelz desirs
Des hommes nez à rendre les plaisirs
Qu'ilz ont receuz au berceau de fortune:
Lors qu'ignorantz la poison de petune
D'vn cry beänt gemissent aux apastz.
Dans ce filet s'ennoüerent les pas
Du vertueux non fardé de malice,
Qui purement de la chaste delice
Se nourrissoit comme amoureux prudant.
Sur luy Amour ses flechés debandant
Le transperça d'argentine innocence

                                    I

Et l'endora de sa riche puissance,
L'enamourant de pudique amitié
Pour se lier à sa chere moitié.
Luy presentant la beauté non fardée
Nayf portrait de la celeste idée,
Rendit seigneur ensemble & seruiteur
De tel obiect son heureux conducteur.
Beauté ie dy l'excellente figure
De deité, qui de claire pointure
Du saint Amour entame les espritz,
Par la vertu, (de loiauté le prix)
Car le vray beau du ciel perfait le lustre
Pur, immortel en excellence illustre
L'honneur des Dieux, à son exemple orna
L'humain tableau, ou les traces donna
Et des vertus & des nobles sciences,
Pour en formant par heureuses fiances
Les premiers traitz du naturel sçauoir
Les faire vn iour des biens ramenteuoir
Qu'en luy des cieux apporta la pure ame.
Cette beauté qui les espritz enflame
Attire à soy le ia nauré d'amour,
Dans luy aussi repose son seiour:
Ainsi ell' est de son cœur là Deesse,
Et se flechit aux lois de sa haultesse.
L'heureux amant de mesme affection
Digne par l'or de la perfection,
Que ce grand Dieu en le dontant luy danne,
A la seruir librement s'abandonne,
Et l'attraiant par semblable pouuoir
L'Enflame aussi à l'amoureux debuoir

Cet Androgyne en plaisance immortelle
Se caressoit de faueur mutuelle,
Si fort vni d'entretenant accord,
Que son plaisir ne troubloit le discord.
Toutz en ce retz de prudence amoureuse
Ne furent pris par la ficelle heureuse
Du Dieu humain : Car s'escartantz des lieux
Des pas communs pour estre estimez Dieux,
Suiuoient les bois & les roches sauuages,
Les crys desertz, les eslongnez riuages.
Ceux cy de l'heur d'Amour enialouzez
D'enuie estoient contre iceux embrazez,
Et les fachoient en leur chastes plaisances:
Si bien qu'alors les tristes malaysances
Souillerent l'or de ce siecle honnoré
Enargentant son clair lustre doré.
Ce Dieu tousiours, qui ses dons fauorise
Tend & retend sa cordelle à sa guise,
Tire sans fin ses traitz mieux acerez.
Mais les debatz sont ia trop asseurez
Ia, ia le plomb sur l'argentine gloire
Vient eleuer sa poudreuse victoire
Pour massiuer cet eage paresseux.
Ia les ennuitz des hommes angoisseux,
Ia les fureurs des foudroiantes guerres,
Ia diuers noms, qui separent les terres,
Ia, ia la soif de s'enrichir en vain,
Ia tes erreurs du tempestueux vin
Chassent au ciel la paisible concorde
Pour festoier la naysiue discorde,
Brulantz aux feuz de mortelle poison

                              I ij

L'heur immortel de la sainte raison.
La deité de leur cœurs effacée,
L'Androgynie en deux moitiez cassée
Vertu bannie & vice bienuienné
L'Ami chassé, le flatteur fortuné,
La chasteté d'innocence vollée,
La Loy, iustice, attrempence foullée,
Tout violé par ce plombeux malheur,
La gloire aussi brauante en faux honneur,
L'or corrompu par faulseté masquée,
Deuotion par l'infame mocquée,
Enflé d'orgueil le belliqueur hardi,
Tout est du pur d'amour abastardi.
En fin le Dieu ennuié de l'outrance
Que luy faisoit cette lourde ignorance,
Et preuoiant que Iustice voulloit
Laisser la terre ou l'haineux sang coulloit
Eparsement par le glaiue homicide,
Ensanglanté d'inhumain patricide:
Aussi que point l'aueugle humanité
N'accorde au bien de la diuinité,
Reprent son ietz, ses fleches & ses esles
Et refendant les traces immortelles
Du ciel luisant en flambeaux radieux
S'enuolle au pres du Roy de toutz les Dieux:
Pour reiouïr de sa clairté sacrée
En attendant la Iouienne Astrée.

    Lors que les Dieux en destins bienheurez
Du Dieu Amour feurent renamourez,
La terre estant de sa grace orfeline
Soudain enfante vne race maline

Des fiers Geantz, qui armez de cent bras
Vont assaillir en outrageux combatz,
La Deité de la celeste troupe.
Il semble à veoir que la terre s'entroupe
Dedans le ciel, par les trois montz dressez
Pour l'echeller. Dont les Dieux fort pressez
Lancent par l'air les tempestes humides:
Mais ne brisantz les haultes Pyramides
Craignoient de veoir le rembroüillé Chaös,
Ia mysentantz de ces monstres les os,
Qui horribloient d'audace leur enuies:
Aussi n'estoient, pour les vaincre, les pluies
Fortes asses: Mais le fouldre puissant
De Iupiter les orgueilz punissant.
Incontinant que la main esbranlée,
Pour fouldroier cette gens recullée
De l'air serain, par la clairté des Dieux,
A tournoyé sur les montz odieux:
Vous eussiez veu par la fureur du fouldre
Geantz tomber en la Phlegreuse pouldre,
Montz trebucher des coustaulx renuersez.
Mais la douceur des saintz nectars versez
Par le Troien, de Iupiter delice,
Charma l'horreur de l'humaine malice.
Dont par l'attrait du mignard qui rioit
Rasserené, les autres Dieux prioit
De renheurer de concorde la terre,
Pour assoupir de ses enfantz la guerre.
Leur aduis n'est de renuoyer vn Dieu,
Par ce qu'il n'a entre les hommes lieu:
Mais vn Demon, qui l'heur des Dieux secöde,

I iij

Milieutenant en l'ordre du grand monde,
Le plus prochain d'immortelle vnité,
Mais separé de la diuinité.
Ce conseil pleust au Dieu des autres pere,
Qui rendorer de paix encor' espere
Son temple, chef des œuures de ses mains,
Et souguignant les epasmez humains
De la clairté de sa pitié luisante,
Mande vn Demon de l'estoille plaisante
D'Amour diuin, de sa dextre l'honneur.
Il souffle en luy de ses puissances l'heur,
Pour l'inspirer de la grace ideale,
L'ennoblissant de lumiere fatale.
Amour à luy ses fleches commandoit,
Il à son Dieu l'arc seurement bandoit,
Amour n'auoit si perfaicte excellence
D'esles ou retz, qu'en son Demon n'elance,
L'enrichissant de son rare ornement:
Affin qu'il peust ramasser promptement
Les biens epars de l'amitié vaguante,
Ia souz l'erreur de discorde voguante
Entre les flotz de l'angoisseuse mer:
Pour en repos de concorde calmer
L'estat humain à l'immortel contraire.
Nul mieux aussi eust peu le monde attraire
Au retz ourdis sur le mestier d'Amour,
Que ce Demon, duquel l'heureux seiour
Est iustement entre les Dieux & hommes.
Tant elongnez de deité nous sommes,
Qu'auilissanz nostre esprit trebuché:
Le foible instinct de raison a brunché

Souz le danger de la charge mortelle.
Noſtre ame plaingt que de ſainte immortelle
Se veoit ſouffrir en charnelle priſon:
Mais l'en tirer s'efforçant la raiſon
Tant debile eſt, que ſa force premiere
S'imbecillant à la haulte lumiere
Fuit la vertu de la diuinité
S'enueloppant' es laqz de vanité.
Auſſi des cieux le feſte inacceſſible
Eſt le ſommet, ou n'eſt à toutz poſſible
De remonter eſtant tombez en bas.
Tanter ne faut de Typhonides pas
Si hault palais de luiſance admirable.
Mais le Demon, Demidieu honnorable,
Du fragil' homme accompagne le ſoing,
Touſiours preſent à ſon mortel beſoing.
C'eſt le moien, qui les hommes attire
(Par vn ſentier, que dans eulx il inſpire)
A l'heureux bien de la felicité,
Les retirans d'obſcure aduerſité.
Combien que l'ame en ſes liens eſtrainte
D'aſpirer hault ne s'hazarde pour crainte
De ne reuoir la lumiere des Dieux:
De ce Demon le retz melodieux
(La cheſne d'or, qui enlaſſe le monde)
Par les filetz, qui flottent comme l'onde
En ſons diuins d'harmonieux plaiſir
Peut & les Dieux & les hommes ſaiſir
Les alliant, ſi bien que la foibleſſe
D'humanité facilement ſe laiſſe
Flechir au clair de diuine beauté,

Se profondant par telle nouueauté
A contempler les celestes merueilles,
En amouré des graces nompareilles.
Comme entre l'air & les ardantz flambeaux
Du pur Soleil immortellement beaux
Le feu reluit des elementz la gloire
(Cōbien qu'aulcũs ne le veullent point croire)
Qui moings souiet à la corruption
Qu'autre des trois suit la perfection
Du feu diuin, & lequel d'ordre en ordre
L'air, l'eau, la terre ensuiuent sans desordre
Des qualitez voisinantes d'accord.
Ainsi les Dieux ont destiné le sort
De l'vniuers orné de trois natures
L'vne immortelle exempte des pointures
De passion, L'autre mortelle aussi
Passionaire & pleine de souci:
Entre elles est la troisieme affranchie
Bien de la mort, ia du ciel enrichie,
Mais non du soing d'humaine affection.
Cette conioin̄t par egalle action
Le pur de l'vne au corrompu de l'autre.
Partant les Dieux faisantz le Demon nostre
Pour ensacrer Amour dedans noz cœurs,
Qui gemissoient des lassiues langueurs,
L'ont fait voller par la terre brulante
D'oisifz pensers de peine violante.
Il donq eslé de ses traitz vertueux
Souffle santé aux desirs ventueux,
Qui souspiranız de naureüre cuisante
Sifflent l'ennuy de leur fureur nuisante,

Pour

pour defneruer cette angoiffe qui vit
Du fang veineux, duquel point ne ioüit
L'homme eperdu en l'aueugle folie.
C'eft ce Demon qui les efpritz allie,
Seur meffager, rapportant les fegretz,
Qui font couuertz non des piteux regretz:
Ains des plaifirs de l'amitié cellée,
L'efperance eft par fon vol decellée
Du vray amant à la blanche beauté.
Il qui conduit la pure loiauté
Au fainct esbat de plaifance celefte,
Ne permet point que la fierté molefte
Le vertueux, qui aime chaftement:
Il eft auffi pour vaincre le tourment
Venu des cieux, & eftre l'interprete
Des voluntez & le diuin prophete
Accompaignant l'efprit digne de luy:
Comme à chanté Homere de celuy
Qui gouuernoit le nepueu de Nerée
Vengeant la mort de Patrocle pleurée.
Ce grand Demon Socrates enflamoit
A la beauté des efpritz qu'il aimoit.
Les autres Grecz languiffantz de la peine
D'vn faux plaifir & ioüiffance vaine
Couroient perduz par les feux douloureux,
Bannis du bien du Demon bienheureux.
Comme du ciel la meffagere Aurore
De la clairté, qui n'eft poignante encore,
L'embelliffant de ioye remplit l'œil
Ia s'affeurant du luftre du Soleil,
Qui myleué fes clairs cheuaux attele:
Ainfi du corps la beauté, qui eft tella

K

Que le vermeil avantcoureur du iour,
Fait esperer au plus luisant seiour
De la vertu les espritz decorante,
(Vraie beauté de grace enamourante,
Que le Demon inspire dans les cœurs
Par luy guidez hors du traq des mocqueurs)
A l'immortel l'homme tirer s'efforce
Le rauissant d'vne inuoïable force
Il ne fait point pour l'angoisse atizer
Honteusement mandier vn baiser
De pauure grace, à la porte lassiue,
Bornée en tour d'vne grand' bande oisiue
Des sotz muguetz volagement troublez
De la raison par desirs aueuglez,
Qui caressantz les femmes mal soingneuses
De leur honneur par fables vergongneuses,
Les font bruler de l'espineux tison:
L'ombre du bien, qui sylle la raison
Les iette aux retz de trompeuse fortune.
Mais le Demon n'adore point la Lune
Combien qu'il volle en tenebres autant
Qu'en clair myiour. Car chascun rend contāt
De son bonheur, faisant les vns Poëtes,
Ses plus aimez, ceux qui ont les sagettes
De l'arc orin des neuf seurs d'Apollon,
Et enflaman leur gozier plus felon
Du saint laurier, remplir de propheties
Les chantz diuins de leur voix eclaircies.
Les autres fait droitz sçauantz, orateurs
En diuers ars & sciences Docteurs.
C'est le Genie & la vertu, qui guide
Le corps mortel comme fait l'Athlantide

L'ombre du mort)qui enforme fon mieux.
Heureux Demon, diuin pofte des Dieux,
Mon gouuerneur, qui iamais ne me laiffe,
Qui toutz fecretz me rapporte fans ceffe
Va dire au cœur de la claire beauté,
L'efpoir eflé de prompte loiauté,
Qui me rauit à fa diuine Idée
Dans la fplendeur d'vn luifant corps gardée,
Pourfuiuant l'heur de fa fatalité
Iouïr vn iour de l'immortalité.

EN CLAIRTE L'OEIL
S'ESBLOVIT.
K ij

ODES.

A LA CLAIRE.

IE ne veus point mendier
L'ombre de la vaine gloire,
Qui au temple de memoire
Feint le renom dedier.
Ie n'emprunte la loüange
Des poëtes immortelz,
L'honneur estranger ne vange
D'oubly les hommes mortelz :
Mais en la clairté comprendre
Ie veus le fruiŧ de clairté,
Pour rendre à ma liberté
Le bien qu'il m'en faut apprendre.

Comme entre toutz les metaux
L'or reluit en excellence,
Duquel la riche vaillance
Prodigue en noz cœurs toutz maux.
Ainsi la clairté orine
Resplendit sur les beautez,
Et de sa face Aurorine
Darde mille cruautez,
Qui d'ennuy brulent mon ame
Destinée à l'adorer.
Mais rien ne me sert l'honnorer
Receuant d'amour le blame.

De Fortune le thesor
Eparpillé sur la race
Des hommes suiuantz la trace
Du destin trompeur encor,
Aux vns richement abonde
Qui sont ornez à plaisir
Du bien, lequel tant feconde,
Qu'il croist à leur deplaisir.
Ausquelz l'heur semble souz rire
L'inconstance en vn moment
Les surprent d'vn changement
Qui les iette au sort plus pire.

Qui à iamais veu l'enfant
En heur de ieunesse riche,
Quand il vient en l'eage chiche
Brauer aussi triomphant?
Bien aueugle est la pensée
Qui veut son but asseurer,
Et se voïant offensée
Ne se lasse d'esperer.
Bien son malheur l'outrecuide
Quand du sentier vertueux
Au chemin tempestueux
Des vaines faueurs la guide.

Mais les celestes vertus
De Fortune chatoüilleuse
Et richesse perilleuse
Les hazardz ont abbattus
Souz leur diuines puissances.
Elles mignonnes des cieux

K iij

(Defquelz viennent leur naiffances)
Du nectar delicieux
De la plus naïfue grace
Abbreuuent les bons efpritz
Du contentement efpris
Qui toutz autres biens furpaffe.

Le faict eft mieux renommé
De vertu que de fortune,
Car cette l'homme importune
Qui merite eftre eftimé.
Mais icelle non auare
De fes loïalles faueurs
Elargit fon prefent rare
Endoré de fes bonheurs:
Pour de iufte recompenfe
Contanter chafcun fi bien,
Qu'afpirant au dernier bien
En elle toufiours il penfe.

Encor vertu pour monftrer
Sa puiffance inuiolable,
La fortune moings coullable
Arrefte, pour defaftrer
Du deftin de faux prefage
L'efprit menacé des cieux,
Fortunant de mieux le fage
Contre vn fort pernicieux,
Ainfi elle, qui tout donte
Flechit le monde à fa loy,
Et de non menteufe foy
Deblame ce qu'on dit honte.

Claire les biens paternelz,
En heritage & richeſſe,
Et la gemmeuſe largeſſe
De teſ   ioyaux maternelz,
Font flamber ton excellence
Sur le vulgaire eſtonné
De la pompeuſe vaillance,
Qui luit ſur ton chef orné
De precieuſe dorure.
Non moings braue ta beauté,
Que chaſcun en priuauté,
Mieux voudroit que ta parure.

Ton eſprit plus hautement,
Qui les nobleſſes du monde
Compare aux vogues de l'onde,
Ne ſe flatte vainement
Des honneurs du populaire.
Car du vol de chaſteté
(Qui à vertu te fait plaire)
Par le ciel il a eſté
Sur la lumiere plus belle
Du Soleil, qui des raions,
Que ſi luiſantz nous voions,
L'enluſtre en gloire immortelle.

De chaſteté le guerdon,
Qui toutes graces d'eſlite
En toutz les honneurs meriſe,
Eſt du ciel le plus cher don.
D'vne loüange naïfue.
Que vient inſpirer vertu,

La memoire touſiours viue
Le fameux Trophée a eu,
Qui couronne les pucelles
Du panache glorieux
En leur cœur victorieux,
Sur lequel auſsi excelles.

Les Poëtes prudemment
Feingnent les pucelles ſeintes
Tenir les riues non feintes
Du Cheualin ornement,
Et chanter des nobles princes
Sans mercenaire faueur
La gloire, que les prouinces
Donnent à leur clair honneur.
Car ſur les hommes les Dames
Ont gaigné ce vray renom
Qu'elles ne fardent le nom
Embourbé des ſoüilleux blames,

Ie n'ay le cœur tant haultain,
Qu'aueuglement ie me trompe
De la precieuſe pompe,
Qui m'esbahuit incertain,
Voiant luire ta haulteſſe
Sur le perfait de vertu.
Et admirant ta nobleſſe
Ie ne penſe ſtre veſtu
De ſi riche renommée,
Que i'egalle à la grandeur
De ton plus excellent heur
Ma lyre deſeſtimée.

Ie

Ie n'entreprens decocher
L'arc des filles de memoire
Pour d'ardant au ciel ta gloire
L'vn & l'autre pol toucher.
Car si luisamment ton lustre
Resplendit sur l'vniuers
Que pour estre plus illustre
Il n'attend l'heur de mes vers.
Mais de ta clairté dorée
I'espere immortalité:
Puis que par fatalité
Ma muse est de toy heurée.

Ie ne cherche autre Apollon,
Autre bande Aönienne,
Autre riue Thespienne,
Autre gozier plus felon,
Pour sonner de ta louange
Sur ma guiterre l'honneur,
Et passant le peuple estrange
Retourner l'heureux sonneur
Du plus harmonieux hynne,
Qui les Poëtes rauit
De son chant, qui esblouit
L'excellence du doux Cygne.

Mon Fleuue Pegazien,
Ma Muse, ma Calliope,
Ma parnazienne trope
Est l'honneur Parisien:
Duquel se coulle en la France
La plus qu'Attique liqueur

L

Qui la bourbeuse ignorance
Desouille du sacré chœur:
La bande par toy choisie
Des espritz les plus heureux
Orne les chantz amoureux
De lyrique poësie.

Nul plus excellent subiect,
Que de ta beauté diuine
En chasteté mineruine
Peut estre au Poëte obiect.
Qui voudra dorer sa lyre
D'vne celeste chanson,
Tes estoilles faut elire,
Rendant's l'harmonieux son
De ta claire melodie,
Comme les sept des haultz cieux:
Et qu'au bal plus gracieux
De tes Astres se dedie.

Heureux celluy, qui dira
Ta pompeuse cheueleure
Se frisant' en orfileure,
Qui l'excellence ecrira
De ta reluisante face
En teint rosin plein de liz,
Qui celluy de l'Aulbe efface,
Tes deux flambeaux embellis
Des raiz archers des Charites,
Qui voltigent dans tes yeux,
Tes deux bouttons precieux
Qui bornent toutes les merites.

Heureux qui pourra chanter
Ta main plus blanche qu'albastre,
Main qu'esclaue t'idolâtre,
Pensant ta force vanter.
Heureux i'ay dit & veux dire
Celluy qui est tant cheri
De la mieux sonante lyre,
Que ton hault chef fauori
Des toutformantes Idées
Fait sur son luth resonner,
Et de palme couronner
Viens tes beautez regardées,

Si tant riche estoit ma voix
Que de prodigue faconde
Elle peut dorer le monde,
Deploiant à cette fois
De ma muse la merueille,
I'enrichirois ta clairté
Qui de grandeur nompareille
Flechissant ma liberté
Au clin de ton œil celeste,
M'enlustre si clairement,
Que i'espere seurement
L'heur de gloire manifeste.

La gaye fleur du printemps,
Qui emperloit ton ieune eage,
Thesaurise à l'auantage
Les ioiaulx des autres temps,
Pour te rendre de nature
L'admirable nouueauté,

Affin qu'en la portraiture
De ta perfaite beauté
Luise empreinte la figure,
En laquelle se mirant
L'homme dit en admirant.
O d'Amour l'heureux augure!

LE CIEL DES GRACES.

R Oines Orchomeniennes
Riches d'immortel honneur,
Aux riues Cephisiennes
Ensucrez voſtre bonheur.
Vous filles du Dieu puiſſant
Et de la Nymphe marine,
Cette mignarde Cyprine
Fillette au Dieu blanchiſſant,
Affriandez ma chanſon
Des plus mieleuſes douceurs,
Deſquelles vous chaſtes ſeurs
Pouuez embaſmer mon ſon,
Pour odorer ma muſette
A voz plaiſances ſouiette.
Venus des eaux fille & mere
Qui enamoura mon cœur
D'vne faueur douç'amere
Pour parfumer ma langeur,
Qu'elle ruiſſelloit en eaux,
M'enflama au ſacrifice
D'Eteoclean ſeruice
Sur le bord de mes ruiſſeaux.
Touſiours monſtroit à mes yeux
Vn portrait, ou ſa beauté
Enfantoit la nouueauté
Des trois nourriſſons des cieux.

L iij

Ainsi vantoit la Déesse
Vostre gaillarde ieunesse.
Mais congnoissant que le prince
En Didyme couronné,
Luy qui de fureur me pince
M'auoit au ciel ordonné
Pour y sacrer la splendeur
De mon estoille diuine
Elle de faueur benine
M'agita de son ardeur
Embrazant de plus grand feu
Mon esprit au ciel raui,
Et l'enflamant à l'enuy
De ce Dieu plein de mon veu
Sa force enuers moy plus grande
M'a contraint luy faire offrande.
Pres vne claire fontaine,
De Narcisse le miroir
Ie fei de n a foy certaine
Vn temple de marbre noir;
Puis encensant les autelz
De mon ame consacrée
A la Roine Cytherée
I'enfumay les immortelz,
Qui carolloient à l'entour
De mon sacrifice heureux
Par leur hymnes amoureux.
Car la Déesse d'amour
Est des Dieux mignons suiuie,
Pour humaniser leur vie.
De la couronne myrtine
Or' mon chef enuironné

secoüe vne ardeur mutine
Qui le rend tout eſtonné.
La plus effroiable horreur
Qui chatouilla le Poëte
Quand Apollon luy ſagette
ſon indontable fureur,
Ainſi iamais n'aſſolla
ſon eſtomac allumé
Du feu, qui a conſumé
L'eſprit qui au ciel volla,
Comme ſa douce manie
Forcenement me manie.
Iö voicy la grand' bande
De mil' & mil' amoureaux,
Qui à mon eſprit commande
De voir ces clairs aſtrereaux,
Qui leur flambeaux élançantz
Me raionnent vne adreſſe
Pour prendre la hardieſſe
De les ſuiure toutz danſantz.
Venus me voiant douter
Du bien de ſes dons diuins
Qu'el' ne vouloit laiſſer vains,
Me fait en ſon char monter
Lors la courſe colombelle
Me rauit deſus ſon eſle.
O ciel luiſant des richeſſes
Du luſtre plus precieux,
Que des gemmeuſes nobleſſes:
Plus auſſi qu'autre des cieux,
Le paradis embaſmé

De la douceur nectarine,
De mignardise sucrine,
De la fleur du sang aimé,
De la beauté du blanc liz,
Qui en pure chasteté
Emperlé la sainteté
De tes astres embellis,
De faueur Idalienne
Et grace Acidalienne
Tant me rauit la merueille
De la diuine rondeur,
Qui de clairté nompareille
Encourtine ta grandeur:
Qu'oubliant des autres Dieux
Les couses harmonieuses,
Aux danses melodieuses
De tes flambeaux radieux
Ie m'arreste en admirant
Trois seur: que Venus disoit
Qu'el' seules fauorisoit.
Mais en leur graces mirant
Mes esblouïssantes veües
Ie m'estone les veoir nues.
Vous Iouiez les Charites
De ce ciel estes flambeaux
Qui graciez les merites
Par voz regardz tousiours beaux.
Pres le globe Cyprien
Vostre cœur m'a fait son prestre,
Pour des priuez secretz estre
Du conseil Pserien.

F atto

Fauorisez moy donq tant
Toy reluisante splendeur
Toy agreable verdeur
(Gentillesse du contant)
Toy melodieuse ioye,
Que toutz voz oracles voye.
Les Nymphes Permessiennes
S'estonnoient de l'ornement
De voz beautez anciennes,
Qui n'est paré dignement
Des exquises brauetez,
Des verdugades pompeuses,
Des excellences gemmeuses,
Des mignonnes raretez.
Rien ne couure les honneurs
De vostre celeste corpz.
Mais esbahi de telz tortz
Ie rapportois aux malheurs
De la plombeuse ignorance,
Cette iniurieuse outrance.
Or le destiné oracle,
Qui au vaisseau Crystalin
De vostre plus grand miracle
Garde le fort Apollin,
Monstre les fatalitez
De telz secretz inchangeables
Chantant les heurs insongeables
De ses immortalitez.
Ie reuelle que les cieux
Meslangeantz leur deitez
Auecques les saintetez.

M

De voz habitz precieux
Vous depouillerent du lustre
De vostre ornement illustre.
En ce vaisseau sont encloses
Les luisantes gayetez,
Les vermeilleures des roses,
Les dorantes grauitez,
La crespure d'vn collet,
La Palladine cousure,
La plus mignarde fronsure
D'vn habit damoysellet,
La grace d'vn pié perlé,
La soye du braue honneur,
Qui fait flamber la valeur
D'vn cramoisy etallé.
Toute la pompe du monde
En ce grand vaisseau feconde.
Mais quel protrait quell' Image
Reluit autour du vaisseau?
Qui sont ceux qui font hommage
A son lustre damoyseau?
Quoy? vous parez sa clairté
Des gracieuses merueilles
Des excellences pareilles
A l'or pour ell' apresté
Est-ce vn naturel tableau?
L'auez vous au ciel tiré?
Voiez qu'il a retiré
De moy son astre plus beau
Ie croy que c'est vne Idée,
Qu'auez ainsi mignardée
Las cet obiect m'enamoure,

Ie ne sçay s'il est viuant.
Tout mon esprit s'alangoure
Du regard qu'il va mouuant.
Suiuray-ie le Gnidien?
Le ciel n'est fardé de feintes,
En luy toutes choses saintes
Enclot le Dieu Cynthien.
C'est donq du corps le vif œil,
Qui est de vie animé.
Mais nul corps feut tant aimé
D'auoir embrassé le ciel.
Dittes moy sœurs fauorables
Ces secretz tant admirables.
O bienheureuse escriture
De l'oracle plus heureux,
En la celeste peinture
De ton crystal azureux
Tu dores le nom sacré
De la gracieuse Claire
Qui ton paradis éclaire
De son ornement astré.
O aueugle que ie sui
Aueugle plus tenebreux,
Que l'Abderite encombreux
Auquel comparer me pui
Car recherchant le celeste
Ie m'obscure à moy moleste.
Ne deuois-ie pas entendre
Que nul' autre peut voller
A si hault ciel & comprendre
Sa grandeur sans me voiler
D'vn si noircissant bandeau

O voiles obscurs! o voiles!
D'ardoir au feu des estoilles
Sans saluer leur flambeau
Deuois ie ainsi m'abuser
En la Paphienne erreur
Qui me trouble de fureur?
Ie pourrois bien m'excuser
Sur l'offense des Charites
A te decorer subites.
Elles t'enchassent au centre
De leur ciel ton thesaurier,
Par le rebat qui est entre
Ton nom de leur bruit courrier.
Comment donq mon œil eust peu
A si grand' clairté attaindre
Laquelle on veoit le ciel taindre
Du lustre orin de son feu.
Tes clairs flambeaux transperceantz
Cet obiect mon enuieux,
Qui fraudoit du bien mes yeux,
Raionnoient leur traitz passantz.
Ie deuois à leur scintille
Suiure ta lame gentille.
Pardonne Claire pardonne
Ces tenebres à mon œil,
Et la lumiere luy donne
Qui treluit de ton Soleil,
Pour veoir les heurs gracieux
Des graces plus fauorables,
(Richesses incomparables
De leur thesors precieux)
Ell's epargnent chichement

Leur excellences pour toy.
Quand ie confidere en moy
Toutz ces biens dont richement
Les graces t'ont reueftue
I'offre à toy l'ame abbattue.
Tu es de ce ciel princeffe,
  Que Venus pour toy tourna,
De fes filles la Dëeffe,
Dont pompeufement t'orna.
Auffi ta diuinité
I a fur les cieux engrauée
Meritoit eftre abbreuuée
Du nectar de fainteté.
  Le facrifice plaifant
Qui t'eft offert chafqu'vn iour
Par les campaignes d'Amour
Dans ton paradis luifant
M'enflame à te faire offrande
De mes chantz en faueur grãde.
Mais quelle troupe chantante?
  Mais quelz poëtes facrez
La Ialoufie me tante
De les veoir en telz degrez.
  Qui vous a rauis aux cieux
De la diuinité telle
Ronfard, Saint Gelais, Iodelle,
Scene, Bellay gracieux,
Dorat, Muret immortelz.
Peruze, le Mafconnois
Baïf, Panias, Alfinois
Tahureau & Defautelz
Magny, mon de mefme encore

Vous toutz que la France honore,
Vous autres que la faconde
Fait reluire admirement,
De voftre langue feconde
Prodiguez l'or clairement.
Quoy?mon Pafquier amoureux
Veux tu embraffer ma Claire?
Nul eft, que plus ell' eclaire
Que ton Monophile heureux.
Pafcal, Durban, mon Capel,

De Vernaf-
fal.

Gohorry, le Quercynois
Qui ont rendu au François
Vn vaillant bruit eternel,
Gruget & toute la bande
Qui en memoire fe bande.
O ciel,qui les cieux honnore,
Ciel par les cieux honnoré,
Ciel plus honnorable encore
En tes Dieux qui t'ont doré
Lequel des huict cieux porta
Flambeaux de tell' excellence?
Quel Dieu par claire vaillance
De tel heur France efcorta,
Qu'en cet e... e nous voions
Par les aftre reluifantz
De ces vrais Dieux conduifantz.
Le monde par leur raions?
Ilz font les dmins Poëtes
Dardantz erines fagettes
Ta vertu eftincellée
Comme le riche Adamant,
Qui de fa force cellée

Fraude l'honneur de l'Emant,
De tel inſtinct me rauit,
Que ſi autre ciel m'atire
Soudain de ſes raiz me tire.
Ainſi mon ame en toy vit.
Mais comme l'œil languiſſant
Fuit le celeſte brandon
Iettant feuz à l'abandon,
Ainſi ton ſoleil puiſſant
De ſa clairté couſtumiere
Eſteint ma foible lumiere.
Quoy vous enionchez Charitez
D'autre fleurage nouueau
Des fleurs en Hymette elites
Voſtre ciel gayement beau?
Quoy Claire ma dëité?
Qui ſont tant de propheties
En ce blanc liz eclaircies
Qui perle vne chaſteté?
Tu adores la grandeur
Du luſtre tant fleuriſſant
Qu'il croiſt touſiours verdiſſant
En plus roialle ſplendeur.
C'eſt la noble Marguerite
Qui l'honneur des Dieux merite.
Nulle ie voy des trois graces
Qui ne luy offre faueur
Toutes les celeſtes places
S'embelliſſent de ſon heur.
Ie voy qu'au mont Pindien
Les neuf filles de Memoire
Reſonnent l'vnique gloire

De son nom Palladien.
Combien que ce Ciel soit tien
Tu la veux faire adorer,
Toymesme pour l'honnorer
Deploies ton plus cher bien.
Toy des graces la Deesse
L'aduouës pour ta prinçesse.
Ie veoy cent & cent images
Des françoises nouueautez
Qui sont riches des hommages
Desquelz luysent leur beautez.
Ie veoy deux plaisantes fleurs
L'autre Marguerite & Rose
Esquelles l'honneur repose
Voz gracieuses couleurs.
Ie croy sans estre abusé
Que les anciens deceuz
Ont mal voz destins receuz.
Car vous m'auez ia rusé
Par voz pourtraitures nuës
Que n'esties à tous congneuës.
Ce ciel qui tant me recrée
Par son diuin ornement
Fait que la clairté m'agrée,
Et d'vn gay coronnement
Eleue ma voix plus hault.
Craignant m'ecarter des traces
Des Olympiennes graces
Descendre au monde il me fault.
Quoy donq à ce seul penser,
Qui me transporte douteux
Ie culbute au boiteux,

M'encourageant d'offencer
Venus en me tirant douce,
Qui or' fierement me pousse.

A LA CLAIRE.

Ous ne sommes Promethéans
Pour auancer ce qui nous suit,
Mais obscurs Epimethéans,
Qui suiuons l'incertaine nuit.
Les erreurs syllant's la pensée
Se pendent à l'esprit humain,
Et aueuglant's le desir vain
Comblēt d'ennuitz l'ame offensée.
     Nul voguant en la mer
     De l'humaine esperance
     Aborde l'asseurance
     Sans quelque orage amer.
     Le non pensé plaisir
     Le dueil en ioye echange,
     Le mycertain desir
     En passion se change.
Le bien present , qui s'offre heureux
Ne peut iamais n'estre trop cher,
Car l'eage trompeur malheureux,
Qui vient sur l'homme se pancher,
Tourne la roüe de la vie,
Or' l'estageant au plus hault mal,
Or' l'abaissant au profond val
De la plus tenebreuse enuie.
     Si par fatale main,
     Du beau verger des graces
     Ie ioüissois, mes traces

N

Ne glisseroient en vain.
La seulle liberté
I'estirois pour amie.
Mon esprit ecarté
Seroit de l'ennemie.
Vn seul plaisir m'est pour confort,
Que ce tourment à toutz commun,
Au moins s'il me donne la mort
Des plus heureux me fera l'vn,
Laissant heritiere memoire
De mes immourables malheurs,
La mort ne perdra les faueurs
De ma plus amoureuse gloire.
Ie ne pui rembourser
La claire oeillade riche,
Que sur mon chant en friche
Il pleust aux yeux verser.
Tant pauure helas ie sui,
Que pallissant de crainte,
Moymesm ie me fui
Doutant d'ingrat l'attainte.
Entend Claire ma triste vois,
A toy ie me plain de beauté.
Ne renforce pour double fois
De tes raions la cruauté.
Car si celluy, qui moins sagette
Enuers mon cœur plus gracieux,
Ses nouueaux traitz audacieux
Maintenant sur mon ame iette:
Son frere mon seul Roy
Faché de l'entreprinse
Luy tendra surprinse,

Telle que pour la loy
Anacharsis sentit
Quand du Roy de Scythie
La fleche retentit
D'inhumain arc sortie.
Comme le soleil flamboiant
Combien qu'il rasserene l'air
De son rayage blondoiant,
Ne fait que le nocher au clair
Leue sa larmoiante face
Ayant son malheur auisé.
Ainsi mon cœur par toy brisé
Ne peut rire au beau de ta grace.
    La force du tourment
    Se rend si violante,
    Que la faueur est lante
    De tout contentement.
    Tant est fiere beauté
    Que nullement s'accorde
    Par mesme loiauté
    A plus douce concorde.
Quand par le trait de ta clairté
Tu auras transpercè mon cœur
Le portrait de ma liberté
Qui pend au hault de ta rigeur
Me vengera de ton oultrance:
Comme de Mithys ia tué
Le meurtrier feut à mort rué
Par son tableau vengeant l'offense.
    Regarde moy transi
    Par le mespris du blame
    Qui s'allume en la flame

N ij

De mon bruiant fouci
Pren telle part de moy
Que tu voudras ma Claire:
Mais banni cet emoy
Indigne qu'il m'eclaire.

A ELLE MESME.

E temps cruel me pardonne
Aux Rois tãt foiet ilz puiſſãtz,
Vne feulle heure ne donne.
Quãd les fuz eaux tordiſſantz
La vie aux deſtins ſouiette
Tombent defenfilacez.
Car foudain Atropos iette
Les filz de ſes ſeurs caſſez
Dans la bouche deuorante
Du Tempz, qui d'autres les rante.

Cette fatalle iournée
Qui nous menace de loing
Chemine à la deſtinée
Par les eſpines du foing,
Eſpoüantant par ſa memoire
Le cœur le plus furieux.
Elle fait palir la gloire
De l'homme victorieux
Nul feu embraze tant l'ame.
Qu'elle n'engesce de flame.

Mais ſi Dieu guidant Fortune
Me voulloit favoriſer,
Et de ſes richeſſes vne,

(Richeſſe, qu'on doit priſer)
Donner à ma fraille vie
Ie voudrois que le printempz
De mon incertaine enuie
S'echangeaſt auec le tempz
De la vielleſſe cherue
Pour deuolager ma veüe.

Heureuſe telle ieuneſſe,
Que ny l'effroıable mort
Ny l'incurable triſteſſe
De l'amoureux deconfort
Peut enſoucier de crainte.
Qui ne fuit la grauité
Qui eſt en la face empreinte
De la blanche authorité.
La vielleſſe venerable
Reluit d'honneur admirable.

Ie n'ay tel deſir ma Claire
Pour detortiller mon cœur
De ton excellence claire
Comme laſſé de rigeur.
Mais pour affranchir mon ame
Par ſourcilleuſe amitié
Du vulgaire mocqueur blame.
Qui farouche ta pitié:
Affin que recompenſée
Soit ma Fidelle penſée.

La loiauté n'eſt ſi grande
En cœur d'ennuitz allenti,
L'ame ſi prompte à l'offrande

De son espoir dementi,
Qui en ses dueilz vagabonde
Court & recourt sans penser
Qu'à decheminer du monde
L'esprit qu'ell' ne peut panser.
Aussi le corpz ell' affolle
Perdant sa bégue parolle

AV SEIGNEVR DE
Ronsard.

Tv n'imites l'engraueur,
Que l'Imagere taillure
Enflame au vulgaire honneur
De la muette grauenre,
De l'ouurage elabouré
Emparessant la louange,
Laquelle d'oubly ne vange
L'ouurier par ell' honnoré.
Car outre vne gent n'elance
Le renom son excellence.
Mais ta Muse l'ornement
De la tienne race,
S'enuole plus clairement
Sur la plume de ta grace:
Aussi des felicitez
Immortellement aislée
Passant la Zone haslée
Bruit aux deux extremitez.
Et les Filles de Memoire
Ont heroiz é ta gloire.
Heureux celuy, auquel plaist
La douceur cristéane,

De laquelle te repaiſt
La troupe Pegazéane.
plus heureux, duquel le nom
Fauorizé de ta lyre
Ne craint que la mort empire
Son eternizé renom.

Tu demens par ton honneur
Le Romain lyrique Horace
Qui a chanté nul ſonneur
Pouuoir imiter la trace
Du ſucre coullant Thebain,
Qui par ſa lyre admirable
Se rendoit incomparable.
Car toy François plus hautain
Pille la graue louange
De toute la gloire eſtrange.
France tu as Apollon
Et la ſource cryſtalline.
Nous donc en ſon temple allon
Pour boire l'eau caballine.
Car des Muſes le grand Dieu
A voullu en ce Terpandre
Toute la liqeur repandre
Qui ialliſſoit du ſaint lieu.
O vray prince des Poëtes
Darde ſur moy tes ſagettes.
Si à toy me preſentant
De la douceur hypocrine
Mon ame euſt epuiſé tant,
Que veut la flame Cyprine:
I'enchanterois la clairté

De ma ſucrée ennemie.
Mais (las) cette fiere amie
Captiue ma liberté.

A LA CLAIRE.

Es mariniers guain cherchantz,
        Se fachantz
    De la calmeté des pleines,
        Qui ſont pleines
Des monſtres Neptuneans,
Aux ſiffletz Eoléans
        Souſpirantz,
Ilz remettent leur plaiſir,
        Aſpirantz
Au retour de leur deſir.

Ainſi mes chantz immortelz,
        En flotz telz,
Pour s'aborder à la gloire
        De memoire,
Eſperent aux doux ſouſpirs
De tes gracieux Zephirs,
        Aux faueurs
Qui flamboient ta grandeur
        Par les heurs
De ta luiſante ſplendeur.

La gloire preſent des cieux
        Precieux
Eſt par grace fauorable,
        Agreable
Aux plus grandz ſenateurs,

Phi

Philosophes, Orateurs,
    Aux mignardz,
Qui sont des Dieux inspirez
    Par les artz,
Qui les ont au ciel tirez.

La gloire donte le tort
    De la mort,
Et l'obscur de l'oubliance,
    Par puissance
De son immortalité,
Esteint souz aduersité
    Abbatu.
Et honneur le vray guerdon
    De vertu
L'asseure en son riche don.

Ie sçay que ton nom reluit
    En clair bruit
De la pompeuse richesse.
    Et largesse,
Iuste liberalité
Propre à la Diuinité
    Te fait voir
Rebattante excellemment
    Au miroir
De l'estoillé firmament.

La richesse de vertu,
    Dont vestu
Ton lustre en grace luisante
    Et plaisante,
T'endore de plus grand bien,

o

si bien que l'autre n'est rien:
    Or' que grand
Il estonne le thesor
    Qui se tend
Sur les perles de ton or.

Les espritz sont plus enclins
    Aux chantz vains
De la trompeuse auarice,
    Qui tout vice
En ce monde eparpilla.
Mais ta beauté qui pilla
    Liberté
De mon cœur, m'a du desir
    Ecarté
Qui trayne à si faux plaisir.

Vertu fait que la raison
    En saison
Preuoiant le destinées
    Des iournées
Te rend compagne du tempz,
Meurissant en gay printempz,
    Pour frauder
Les mesdisantz soucieux,
    Et bander
Leurs aguetz pernicieux.

Diuers amours sont des cœurs
    Fiers vainqueurs.
L'vn prend de beauté la force,
    Et s'efforce
L'ame à douleur esclauer

L'autre vn bien vient enclauer,
  Dans le corpz,
Qui en reçoit triste fin
  Par les tortz
De sa bouillonnante fain.

Ie ne veux point me saisir
  Du plaisir
De volupté tant cruelle,
  Car toy belle
D'excellence le tableau
Aimes ton honneur plus beau.
  Le tourment
Noircit l'amoureux seiour.
  Seullement
Ta vertu est mon amour.

Vne estoille emeüe en l'air
  Le plus clair
Trayne apres sa prompte suite
  Longue suite
D'astre reaux myreluisantz.
Ainsi les flambeaux plaisantz
  Des vertus
Traynent des beautez les feuz,
  Qui ont euz
De mon chaste cœur les veuz.
   O ij

DES hommes la race vaine,
De son malheur conuoiteuse
S'empestre en l'erreur honteuse
D'vne recherche incertaine,
Et s'aueuglant' en son iour
Court vague sans seure addresse,
Hors du present, qui tout dresse:
Et guide au futur seiour
Le traq de son asseurance:
Tant folle est son esperance.

Ainsi Thales l'vn des saiges,
Que les Delphiens oracles
Predisoient heureux miracles
Aux Grecz, serfz de vains presages,
Mesprisant ce que ses pas
My touchoient à sa misere
S'eperdit trop improspere
Au ciel, qu'il n'embrassoit pas
Car sa science abusée
Ne seruit que de risée.

La felicité presente
N'endure estre mesprisée:
Non plustost fauorisée
Doit estre en bonheur l'attente,
Que voions le bien certain.
Aussi tant est familiere
L'inconstance iournaliere
De nostre proiect incertain,

Que nous fraudons de nousmesmes
Noz affections extremes

Mon penser ainsi se roulle,
Qu'il ne veut glisser en doute
Sur l'espoir son arme toute,
Mais entre les deux se coulle,
Prenant la faueur des ans,
Telle qu'il la peut surprendre.
Lors plus grand bien veut comprendre
Calmant aux troubles des ventz,
Pour n'egarer en l'orage
Son plus agité courage.

Les thesors ie ne souhaitte,
Ne d'ambition m'enflame,
Ie ne veux bruler mon ame
De telle fureur souiette
A volage passion
Mais de ma chose presente
Heureusement me contente,
Enseigné par Ixion.
Les communes esperances
Ne se fraudent d'asseurances.

C'est à toy Claire immortelle
Que ie rapporte ma vie,
Mon ame en ton ciel rauie
Congneut ta prudence telle.
Tu conduis mon seur proiet,
Par le chemin de ta gloire,
Pour l'addresser à memoire,

O iij

Sans l'amuſer au ſouhait,
Qui eſt inutil ſans guide:
Or' qu'en vain il s'outrecuide.

Ie pren les biens de ta grace
Sans me tromper d'Ignorance,
Penſant embraſſer la France,
Et frayer plus ſeure trace.
Ton excellente beauté
Eſt le ciel, auquel i'aſpire:
Pour le chercher ie n'empire
Ma ſoingneuſe loiauté.
C'eſt luy, c'eſt luy, qui redore
Noſtre ſiecle, qui l'adore.

De diuers enclins nature
Changea les deſirs des hommes:
A un art toutz nez ne ſommes:
Aux eſpritz meſme peinture
N'a tout ſçauoir figuré,
N'eſt à tourt ſemblable Idée.
Mais mon ame à toy guidée
A ſon inſtinct naturé:
En la ſcience amoureuſe,
Qu'ell' aprend de toy heureuſe.

A LA CLAIRE.

LE lair ſoleil flattant nature
Faiſoit une riche peinture
De ſes plus reluiſantz flãbeaux
Et à l'entour d'un gay bocage
Doroit la verdoyant ombrage

Du luſtre de ſes raiz plus beaux.
Il s'efforçoit à donner grace
Au plus plaiſant de la clairté,
Et ſembloit que feuſt arreſté
Le ciel au verd de cette place.
Vous euſſiez veu mill' etincelles
Façonner les blondes ficelles,
Eparpillant's les raiz eparz
De la fleuriſſante lumiere,
Qui ſa richeſſe couſtumiere
Entr'azuroit de toutes partz.
Vous n'euſſiez dit ſi la verdure
Auoit pillé l'honneur des cieux,
Et ſi ſon theſor precieux
Tapiſſoit la grand' couuerture.
Iamais ſi haute gentilleſſe
Ne feſtoia vne Déeſſe,
Iamais le ciel ne feut ſi beau:
Sa nouueauté, la nompareille
Esblouiſſoit de ſa merueille
La lumiere d'autre flambeau.
Du printemps la ſaiſon plaiſante
Etalloit ſon pompeux theſor,
Et le ciel plus ioieux encor
Redoroit ſa grandeur luiſante.
I'admirois l'heur de telle grace
Et ſuiuois des raions la trace.
De plus en plus le ſerain air
Triomphammēt ſembloit illuſtre,
Quand i'approchois au diuin luſtre
Qui rendoit le ſoleil plus clair.
Mais i'entreuey la blonde eſtoille,

Qui faiſoit honte à toutz les cieux.
Du moindre clin de ſes beaux yeux
Toute beauté ſa ſplendeur voile.
Quel ie feus lors, ie ne puis dire,
Mais ie ſçay bien qu'vn grief martire
Vint contre moy preſt à venger
De ma preſumptueuſe audace,
Le lieu ſacré de ſainte grace,
Ou ie m'eſtois voulu ranger.
Cent & cent traitz de fiers œillade
Tomboient ſur moy ſans me bleſſer
D'vne playe qu'on peut panſer:
Mais i'en deuins à mort malade.
Encor' au giron de la belle
Vn mignard ſe iouoit à elle,
Que ne penſois eſtre cruel,
Car il eſtoit bandé d'vn voile.
Helas il arma cette eſtoille
De fier regard perpetuel.
Quand ie penſe à l'œil amiable
De ſon luſtre damoyſellet,
Ie croy que ſans ce muguellet
Elle m'euſt eſté pitoyable.
Petit mignon de dur courage,
Volleur de cœurs, fuzil de rage.
Pourquoy t'entortille à l'entour
De la beauſé eclaireuie.
Malheureux, c'eſt toi, qui deuie
La pitié de ſon doux ſeiour,
Me faiſant ſouz luiſante flame
Idolatrer vne rigeur.
I'ay fait offrande de mon cœur

Aux

Aux faintz regardz de claire Dame.
Non, non, Amour ne donne gloire
  A ton arc de cette victoire.
Le feul raion de la beauté
Embla mon cœur de fa puiffance
L'immolant à l'obeiffance.
Pren, pren, l'honneur de cruauté.
Heureux me rend la douce perte
De mes tenebres en clairté.
Ie laiffe donq ma liberté
  A celle qui d'obfcur m'écarte.

  La mort viuante en mon fein
plomboit ma palle couleur,
Quand me trauaillant en vain
Ie depitois mon malheur.
Mais la clairté outrageoit
De fa pointure allechante
La chafteté, qui m'enchante
Du bien, qui m'encourageoit.

Le penfer de mon efprit
Se laffant de defirer
D'vne efperance s'efprit,
Pour au vray but afpirer
De l'excellente grandeur,
Qui mes defirs efpouante
Par la beauté, qui me tante
De fa diuine fplendeur.

Ie m'affeure que les pleurs
  Qui ondoyent mes ennuitz.

P

Par les ventz de mes douleurs
Bruiantz sur moy iours & nuitz.
Baigneront l'œil gracieux,
Qui est l'honneur que ie prie:
Or' qu'en me taisant ie crie
Toutz mes tourmentz otieux.

O diuin œil, le tableau
Ou le plus luisant Soleil,
A engraué son flambeau
Pour se rendre à toy pareil.
Astre riche en deité,
Ou Amour fait sa demeure,
A toy ie voue a cette heure
Mon but d'immortalité.

Ie ne veux si hault voller
Que ie m'enflame d'orgueil,
Pour ton honneur accoller
Aussi crarndrois de ton œil
L'eclair humainement fier.
Car qui s'efforce entreprendre
Tes excellence comprendre,
De soymesme est meurtrier.

Si donq ma viue chaleur
Me contraint à t'adorer,
Ce n'est la fiere valeur
Qui me flate à t honnorer,
Mais ta clairté qui rauit
Mon cœur de sa propre place
Pour l'ardoir au feu de grace

Dont par malheur ne iouit.

Oeil gracieux d'amour plein
Oeil bienheureux en clairté,
En rien de toy ne me plain:
Combien que ma liberté
Soit estrainte en ta prison.
Car ton Apolline image,
Que i'ay peinte en mon visage
Est ma celeste raison.

Si tu pouuois regarder
Toymesme en ta grand' beauté,
Tu ne voudrois plus darder
Les fleches de cruauté.
Ta claire perfection
Blanchiroit ta face belle
D'vne faueur moings rebelle
Eclairant l'affliction.

Mais quand tu lance sur moy
De ton ciel les feux iumeaux,
Tu peux congnoistre de toy
Les clairs astres damoiseaux,
Luisantz des raiz amoureux
De ta diuine noblesse.
Helas ma sainte Deesse
Par eux rend moy plus heureux.

Tu iette trop rarement
Sur moy tes dardz de mercy
Sans lesquelz vn seul moment

F iij

Ie ne puis qu'estre transi:
Prodigue les sans pitié
De me priuer de la vie.
Car à toy tend mon enuie
Te recherchant pour moitié.

De cent homicides traitz
Sur mon esprit elancez,
Ie n'en sens que les protraitz
De mes desirs offencez,
De souspirer vainement
A la fauorable grace,
Laquelle toutz maux efface
Les œilladant doucement.

Le trait que ie porte au flanc
M'est plus que mon ame cher.
Et or' qu'il viue en mon sang
Ie ne veux l'en arracher.
Dont à moymesme ennuyeux
Ie consume ma pensée
En l'espoir qui l'a blessée,
L'abusant du lin des yeux.

Oeil sentier, qui guide aux cieux
Le cœur que tu as tiré
Par tes flambeaux gracieux,
Tu m'as du trac retiré
Que l'Ignorance frayoit,
Me donnant la hardiesse
De suiure l'heureuse addresse
Ou ta grandeur m'attraioit.

Le iour feut bienfortuné
A mon cœur, qui franc viuoit,
D'auoir esté destiné
Au bien qu'à cette heure il voit.
Car lors estant inutil
Il viuoit en peine rude.
Mais par telle seruitude
Il triomphe plus gentil.

Des amantz aduentureux
Le plus desirable bien,
Au regard du mien heureux
Ie l'estime moings que rien,
Regardant iouër amour
Au verger de l'excellence
De la beauté qui balance
Les gayes fleurs à l'entour.

Tombent sur moy toutz malheurs,
Vienne m'assaillir la mort,
Campent dans moy les douleurs:
Ie ne cherche autre confort,
Que la grace qui reluit
Sur moy des raiz de ma Claire,
Qui tant plaisamment m'éclaire,
Qu'autre fureur ne me nuit.

Quand ie commance à mourir,
Ie sens vne dëité,
Qui tost me vient secourir
Par faueur de chasteté.
Ie voudrois estre tant mort,

P iij

Que la clairté, qui m'ennuie
M'eust donné vne autre vie
Pour me venger de son tort.

Veux tu char.son reueller
Tout ce que chante mon cœur?
Ne crain tu si hault vo'er,
Qu'en te plaignant de rigeur
Tu enfles ta passion!
Suffise toy que ma Dame
Allume en sa claire flame
Ma chaste deuotion.

Le iour me fut gratieux
Quand de mon ame eperdue
Les desirs plus otieux
Egarez dedans ta veüe,
(De beauté l'heureux seiour)
Furent esclaues d'amour.

Car l'immuable destin
Qui lors me feut fauorable
Rauit de mon cœur mutin
La liberté miserable,
L'echangeant e la faueur
D'vn seruiable bonheur.

Les ennuitz d'vn vain emoy
Compagnons de ma ieunesse,
Feurent lors bannis de moy
Par l'eclair d'vne Deesse
Pour receuoir la vengeur,

Qui deuoit sauuer mon cœur.

Que m'eussent serui mes ans
En leur libertez volages.
Iamais les flambeaux luisantz
N'eussent bien astrez mes eages,
Ains tousiours vn fol souci
M'eust tenu en dueil transi.

L'œil de sa riche beauté
Messaiger de l'excellence,
Qui orne la nouueauté
De sa diuine vaillance.
Est le Pernaze sacré,
Ou ie me suis ensacré.

Ie tiens mon desir en main
Et m'assourdis aux complaintes
Que fait mon cœur inhumain
Pour me masquer de ses feintes,
S'aueuglant de liberté,
Qui l'estrange de clairié.

I'ay depeint en ma couleur
Du pinceau de foy loyalle
La gracieuse douleur
De mon angoisse fatalle.
Ie ne la puis bien celler,
Et ne la veux reueller.

Ie scay bien l'ambition
De ma langeur coustumiere

Tenir mon affection
Souz l'ardeur d'une lumiere.
Mais la honte, qui me suit,
Sur mes tenebres reluit.

Vn seruiteur ne se plaingt
De son paingaignant seruice
Combien qu'il y soit contraint
Doy-ie donq estimer vice
D'esclauer mon eage oysif
Pour n'estre en desir lassif.

Ce n'est l'enfant de Cypris
Qui m'abuse d'vn faux songe
Pour euanter mes espritz
Du tourment, qui l'ame ronge.
Aussi ie ne suis seduit,
Mais par la clairté conduit.

Ie ne souhaitte la mort
Pensant adoulcir ma dame,
Ie ne sens ardoir vn tort
De son amoureuse flame:
Dont i'appelle mon tourment
Bienheureux contentement.

Tu entends ma loyauté
De force Diamantine.
Toutesfois ta grand' beauté
Ie ne sçay comment s'obstine.
Ie ne dy pas que rigeur

Aii

Ait enroché ton doux cœur.
D'autant plus que i'ay defir
De donner gloire à ta grace:
Pren (helas) quelque plaifir
En la clairté de ta face,
Pour refrapper fur mon œil
Ton plus amiable icueil.

CONTRE VN MESDISANT
de fes amours.

Ouldre d'Amour, qui tempeftes
   fur toutz
   Razant les cœurs d'vn bruiffant
   orage,
  Grinffe fur moy ton efclattante rage,
  Pour entonner ma clicquettante toux.
Car l'afpreté de mon brulant courroux,
  Enfuriant mon eperdu courage
  D'ireux depit contre vn muguet l'enrage,
  Grellant ces traitz fur vn Satyre roux.
Aufe tu bien malheureux filz dé terre
  Contre le ciel entreprendre la guerre?
  I'ay les eclairs des horribles terreurs
Forgez en l'œil de ma meurtriere Claire.
  Fuy, fuy ma main ta feure des fureurs
  De la beauté, qui mon courroux eclaire.

Q

LA CLAIRE.

Aut il que ie reuelle
La secrette douleur,
Qu'vne flame cruelle
Fait luire en ma couleur?
Me faut il reueller
Ce que ie dois celler?

Les parolles dolentes
Qui plaingnent mon souci,
En larmes violentes
Baignent mon cœur transi
Et la chaste beauté
Dement ma loiauté.

Le troupeau des delices
Ne m'a point alaité,
Les tristesses nourrisses
De mon ame ont esté
Nul gracieux plaisir
Me peut iamais choisir.

Le quatrième lustre
De mon eage arriuer
Auant sa fleur illustre
A senti l'aspre hiuer,
Qui me fait souspirant
En dueil viure nourant.

Mon Soleil plein d'enuie
S'elongne de mes yeux,

Esblouissant ma vie
Par desdain gracieux.
Il tient ma liberté
Esteinte en sa clairté.

La passion ennée
En mon desastré cœur,
A mon ame emmannée
Du venin de langeur.
La meurtriere poison
Enflama ma raison.

D'autant plus que i'essaie
A soulager mon dueil
La douloureuse plaie
Qui s'aiguise en mon œil
Renforce iours & nuitz
Mes tenebreux ennuitz.

Le ciel fortune & grace
Coniurez à ma mort
M'ont enseigné la trace
De l'epineux effort,
Ou ennemy de moy ·
Ie sui le train d'emoy.

Que faut il que i'espere
Puis que dedans mon sang
I'abbreuue ma misere
Et sens le trait au flanc.
L'espoir seroit sans fruit,
Et ie serois seduit.

Q ij

Ie plain pleure & souspire,
Mais (las) trop vainement,
Car mon tourment empire
Au lieu d'allegement.
Tant que beauté sera
Cruauté durera.

Puis que ta bouche chante
Ce que monstrent les yeux,
Ta rigeur allechante
Tient mon cœur otieux
En espoir de guerir
Pour plus souuant mourir.

Ie cuidois ma ieunesse
Entre aigre & doux passer,
Et ma libre simplesse
Sans ennuy trauerser.
Mon cœur s'est abbattu
Au lustre de vertu.

Le plus terrible orage
Par le tempz doulci
Mollit sa fiere rage,
Et semble estre transi.
Mais le tempz à mon cœur
Renforce sa langueur.

L'Amant les naitz souhaitte
Pour amoureux seiour,
Mais tousiours il cognoistte
La lumiere du iour

pour bienheurer mes yeux
De tes raiz precieux.

Pitié se rend cruelle
Deguisée en rigeur
D'vne fierté nouuelle
Pour enfieller mon cœur,
D'vn immortel ennuy
Qui me ronge à l'enuy.

O mercy courroucée
Et pleine de fureur,
Trop s'estoit aduancée
Mon imprudente erreur
A ta grace honnorer,
Qui la veut deuorer.

O mon cœur ne t'oublie
En ton mal endurci,
Cette douleur delie
Et l'aluyne aussi
Du corpz enameré
Par l'espoir empiré.

Il faut (las) que ie meure
Par espoir trahissant,
Car desespoir m'asseure
Me rendre iouissant
De la piteuse mort
Mon souuerain confort.

Tu veus donc ma triste ame

Q iij

Ton mortel corps laisser:
Mais pour si claire Dame
Tu ne te dois lasser.
Nul Soleil est aux cieux,
Qui soit plus gracieux.

A LA CLAIRE.

Haste pucelette
Ma Mignardelette,
C *Qui surprens mon cœur*
Baignon ta rigueur
En ta bouchelette:
Rose vermeillette
Epan ta douceur,
Pour me rendre seur
De ta gracelette.
Fiere doucelette,
Ie fiche mes yeux
En ton ciel, leur mieux.
Pren mon amelete,
Qui sur toy volette.
Reçoy la reçoy.
Deia l'apperçoy
Sur ta languelette,
Mais trop semilette
La pousse soudain.
Oste ce desdain
Nymphe blondelette.
Quoy cette perlette
Rougit de fierté!
Rend ma liberté.
Quoy sainte Angelette,

Grace chaftellette
Tu menace à tort
Mon cœur de la mort?
Ma mignonnelette
Ma guerrierelette
Frappe moy encor',
Ie me prefente or':
Ta main blanchelette
De fa forcelette
M'a bleffé du poing.
Ie ne te crain point
Ma princeffelette.
Ma Deeffelette
Tu veus furmonter.
Penfe tu donter?
Ma foibleffelette
De fa hontelette
Te donne l'honneur
Pour auoir faueur.

A DEVX MARGVERI-
tes Parifiennes.

Es fleurs la beauté plus ver-
      meille
Souiette au changemēt du tempz
Apres l'honneur de fon printēpz
Fletrit à fa fueille pareille.

Rien n'eft, fur quoy le foleil tourne,
Qui foit franc de la mort fentir:
La pompe ne peut guarentir
De l'Iuer, qui la ioye borne.

Mais les gracieuses Charites,
Qui eternizent le bonheur,
Retirent du tombeau l'honneur
De vous celestes Marguerites.

Voz perfections immortelles
Qui enfleurent de la beauté
Le verger, sont en priuauté
Des excellences tousiours belles.

Les cieux ne vous portent enuie
Ores qu'ilz soient enialouzez
De voz graces & embrazez
De vostre fleurissante vie.

Ilz choisissent à la petite
Vn Poëte digne d'Amour.
Lautre a son plus heureux seiour
Au ciel luisant de gloire eslite.

L'vne & l'autre est la fleur qui dore
De nostre siecle l'ornement:
A toutes deux egallement
I'append mon cœur qui les adore.

Ie crains la Ieunesse felone
D'vne qui commance à fleurir,
L'autre en desdain me fait mourir.
Mais i'ay espoir en la Lyone.

Heureuse me feut la ficelle,
Que la brune lança sur moy.

Iadis plaingnant vn feint emoy
Or' mon vray tourment ie decelle.

A LA CLAIRE.

Pour me sauuer des mesdisantes
pluies,
Ie fuy cacher mon desir langou-
reux
Desous l'abry de ton œil amoureux,
Ou est enclos le remede des vies.
Lors vn raion enchantant mes enuies
Seraine vn air de plaisir grátieux,
Ou egayant mon espoir otieux
En toy m'eperds, qui en sauuant m'enuies.
Quand i'ay vaincu mes plus fiers ennemis
Par la faueur de tes clairs yeux amis:
Soudain ie sen vne mignarde force,
Qui m'abusant de sa foiblesse estreint
Mon chaste cœur à souspirer contraint,
Et cet assault plus que l'autre me force.

L'Amas pleureux, qui mes larmes debõde
Auec vn vent de souspirs angoisseux,
Flotte en langeur mon esprit paresseux
Pour l'enonder en la douleur profonde.
Vray est qu'vn peu la mignonne faconde
Retient les flotz de mes cris pluuieux,
Pour n'epuiser les larmes de mes yeux
Par la rigeur, qui en pleurs me feconde.
Mais les espritz amorcez de la voix
De ta douceur qu'ilz ont oye autre foix
Suiuent les feux de leur fatalle estoille,
L'ame entendant le Syraineux parler

R

Single en la mer de ses malheurs la voile.
Helas au bord elle vient s'affoller.

A DAMOISELLE M. E.

Mour logé dans le seiour d'honneur
Etincelloit cent gracettes plaisan-
tes,
A Qui voletoient de plumettes lui-
santes
Au paradis de leur diuin bonheur.
L'vne coulloit sur la rosine odeur
Du clair verger des beautez fleurissantes,
L'autre doroit les tresses blondissantes
Qui enfrengoient ta pompeuse grandeur.
Amour ialoux de ses faueurs eparses
Voulut rauir ses deux plus belles graces:
Quand à l'enuy les autres pour monstrer
Leur brauetez sur amour s'elancerent
Si bien qu'alors ne s'en peut depestrer:
Puis à ton ciel vn chemin luy tracerent.

Craignant l'assault de ta beauté guerriere
Qu'Amour voullut contre moy hazarder,
Pour mille traictz de cruauté darder
Dessus mon cœur ne demerchant arriere.
Ie vins offrir à l'excellence fiere
De tes honneurs vainquantz du regarder
Mon humble tout, qui ne peut se garder
La moindre part de son ame meurtriere.
Ie suis helas l'homicide de moy,
Mais tant me plaist cet amoureux emoy:

Puis que des raiz de ta clairté luisante
Il a esté chastement enflamé.
Ie ne sens rien de ma plaie cuisante,
Que le plaisir, dont ton œil m'a pasmé.

EXCVSE A LA CLAIRE,
de ce qu'il honnore autres
Dames.

Vâd ie la vei, ie deuins egaré,
De moy changeât mon eplo-
ré courage,
Pour adorer son celeste visa-
ge,
Disant espoir du cœur desesperé:
Quel sort cruel ton lustre a separé
De mon regard? Ce m'est un seur presage,
Que languiray tout le temps de mon eage,
Sans peruenir au but qu'ay desiré.
Alors me dit, ou est ta foy loialle
Prouuée en feu de si viue estincelle,
Que tu deuois deuant luy estre estaint?
Helas ie dy, si d'amour presqu'egalle
I'ay esté poingt à quelque autre pucelle,
Le resembler des beautez m'a contraint.

I'espere & crains, que mon cœur d'une lame
De cruauté doucement entamé
Demeure mort, ou froidement pasmé
Deuant les piedz de sa luisante Dame.
Mais ce seroit grand honneur à mon ame
Qu'ainsi mon cœur saintement allumé
Feut par beauté en cendre consumé.

R ij

Ma Claire auroit seulle d'amour le blame.
Encor ne veux que ma chere moitié,
Combien quell' soit ennemie à pitié,
Souffre pour moy l'iniure de cruelle.
Car ie doi: seul m'accuser du tourment
Que i'ay cherché par audace rebelle,
Pensant attaindre à son clair ornement.

Nature ainsi les semblables ordonne,
Que la beauté prent plaisir en beauté,
Les graces sont en telle priuauté,
Que l'vne veut que l'autre l'on couronne.
Ainsi tu veux que ma lire doussonne
Auec le beau de ta chaste clairté,
La grand' beauté de claire chasteté,
Digne des biens, que le ciel luy moyssonne.
C'est Lignery, de laquelle l'honneur,
Riche present du celeste bonheur
Par son clair nom illustré de Fortune
Se fait du ciel & Nature honnorer
Comme Deesse en toutes graces vne.
Ne doy-ie donc sa splendeur adorer?

A DAMOISELLE M. E.

Par le vermeil de tes leures de-
closes
Ie veoi mouuoir vne langue
amoureuse,
Qui seulle peut ta gloire bié-
heureuse,
(Luisant miroir de tes beautez encloses)
Nous faire vuir par chantz que tu composes

plus grauement, que Sapphon langoureuse.
O douce halaine en sucre planteureuse,
Ou est le miel des vermeillettes roses?
Plus richement toute abondance t'orne
Que fecondoit l'Amalthéenne corne.
Nature a fait ton excellence telle,
Que mesme aux Dieux ta beauté plus diuine
Elance vn trait d'affection benine.
Ne meurt-il donq l'homme au pres de toy
belle?

AV SEIGNEVR
Pasquier.

E grand Pasquier, qui à Pla-
  ton fait honte,
  Le plus diuin des immortelz
   espritz
  Philosophant au girõ de Cy-
pris
Par son amour, Amour mesme surmonte.
Tous les thesors de la ieunesse prompte,
Desquelz Venus embellissoit son pris,
Ont endoré son ouurage entrepris
Pour degloirer l'Italien, qu'il donte.
O bienheureux, que l'Amour tant heura
D'auoir chanté la beauté qui dora
De nostre tempz la plombeuse ignorance.
Mais plus heureux le disciple gentil
De mon Pasquier le mignon de la France,
Qui peut pollir le barbare inutil.
      R iý

LA POESIE DE
L'HEVR D'AIMER EN
lieu hault.

'Ay tousiours dit & diray sans
    mentir
    Heureux celluy, que la force amou
reuse
A captiué souz la beauté heureuse,
Et malheureux qui s'en veut guarentir.
Bien que grandeur fait sa fierté sentir
Pour l'epourer d'œillade rigoureuse :
Pourtant ne doit en plainte douloureuse
Inconstamment de sa foy repentir.
Quel bien plus grand pourroit receuoir l'ame,
Que s'asseruir à si perfaite Dame
Qu'en toutz les heurs de diuine clairté
Seule reluit sur fortune & Nature
Sur les hault z cieux & toute creature?
Nul bien promet la vaine liberté.

A M. L. P.

E Sa bien faisant voller les ames
    De corpz en corpz, pour l'immor
    ta té
D'elles monstrer en la fatalité,
Qu'il obseruoit aux regardz des sept fla-
mes.
Bien qu'il reçoit de mensonge les blames,
N'est toutesfois sans fard de verité.
Renaistre en toy i veoi la deité
Du mesme esprit, qui honnore les Dames.

I'enten ta mere, à laquelle les cieux
Ont prodigué le lustre de leur mieux.
Ses biens à toy sont nez hereditaires.
Il semble à veoir que la mesme tu sois,
Mesmes desseingz en ton esprit conçois.
Mesmes yeux sont de ton cœur secretaires.

A D. R.

Diuine fleur, tousiours vermeille
Rose
Dās le verger de Cyprine beau-
té
Amour t'admire en rare nouueauté
Du chaste honneur, qui ton clair teint arose.
Or' que tu sois en ta grace declose,
Nul peut rauir en folle priuauté
L'heureux bouton, qui par ta loiauté
Tient des faueurs l'amenité enclose.
Le ciel t'honnore & les Zephirs molletz
Quand des raions & souspirs douceletz
Diuinement florit ton excellence,
Mignardement s'euante ta senteur,
Pour en memoire eterniz er ton heur,
Esmaillant tout des fleurs de ta vaillance.

A DEVX SOEVRS.

Les feuz brulätz de mesme ardeur n'allumēt,
De toutz oyseaux n'est semblable le vol,
Diuersement on vit souz nostre pol,
D'egal attrait voz beautez ne consument.

LA POESIE DE
A D. IEANNE LE CAROA
sa cousine.

S I c'est le ciel, qui me côtraint ainsi
   Haïr le bien de liberté certaine
   Pour esclauer souz la rigeur
     haultaine
D'vne beauté mon cœur viuant transi.
En vain ie veus mon penser endurci
   En ferme espoir, de caresse (Cousine)
   Que ie reçois de ta leure rosine
Assoulager, m'eslongnant de mercy.
Par la clairté, qui mon ame domine,
   Qui mes desirs & mes desseings termine
Forcé ie suis d'aimer ce qui me nuit,
Mourir au lieu, ou viuant de tristesse
   Rien ne me plaist, que l'œil de ma maistresse
Duquel encor l'ombre absent me conduit.

Contre vn prestrault, monstre
de Nature.

Pour ennuier des hommes le bonheur
Le ciel darda les Tauantz miserables,
Encores plus pour blamer leur honneur
La terre feit de son profond malheur
Sortir serpentz de poisons incurables.
Ce sont Geantz les hommes ennemis,
Monstres viuantz de la fange lassiue,
A nuire promptz, à bienfaire endormis.
Le nom d'iceux, au bruit tu as remis
Par le venin de ta langue nuisiue.

A

A MARGVERITE LE
Caron sa cousine.

IE n'ay chãté le plaisir impudi-
que,
Pour enflamer le cœur en vain
oisif
A De l'aspre ardeur d'vn marti-
re lassif:
Mais la vertu d'vne beauté pudique:
Ie ne crain point que le mocqueur Cynique
Reuiue encor' pour de mon tourment vif
Iapper bauard, car le lustre nayf
De la vertu defend mon saint cantique.
Puis donq que rien n'affolle chasteté
En mes amours, li les de gayeté.
Quand tu liras ma constance loialle
N'accuse point la chaste cruauté:
Quand tu verras decrire la beauté
Admire toy en excellence egalle.

A CAT. TAR PAR.

CEnt fois le iour pensant à ma
naissance
Ie pense aussi aux diuines fa-
ueurs,
Desquelles riche en excellentz
bonheurs,
De chasteté tiens l'honneur en puissance.
Heureux le soir, qui donna congnoissance
A mon esprit de tes saintes douceurs,

s

Quand surpassent en graces les neuf sœurs
Tu m'emmielois de pudique eloquence.
Ainsi le ciel m'auoit predestiné,
Pour loy voullant qu'au iour ie feusse né,
Duquel le nom orné de ta lumiere
Engraueroit en mon cœur le tableau
De ta beauté de nostre eage premiere.
Des lors ie fei hommage a ton œil beau.

EPIGRAMMES, A
la Claire.

Es clairs raiz du Soleil Nature fa-
çonna
D Vne beauté luisamment admirable:
Le lustre gracieux des astres luy dōna.
Et le clair taint d'Aurore fauorable:
De la terre cueillit les œilletz, roses, liz
Pour vermeiller & argenter sa face.
Et plus naiuement ses lustres embellis
Feurent par l'heur de l'Indienne grace.
Car Nature pillant des gemmes le thesor
De Pare aussi le blanc marbre & iuoire,
Coral, Iaspe, Zaphirs, Diamantz & fin or
En eux grauai plus qu'humaine gloire.

Des exquises beautez le cordon amoureux
Entortilloit vne cruauté fiere:
Quand les tristes ennuitz de mon dueil
langoureux
Furent trahis a ma douce guerriere.
Son visage excellent m'enflamoit du guerdon

Que ses clairs yeux promettoiët à mon âme,
Mais de sa chasteté le furieux brandon
M'outreperçoit de sa cruelle lame.

EN passefillonnant ses crespillons orins
Ie vey saillir de deux viues fresettes
    Cent amoureaux chargez de cent traitz
iuoirins
    Forgez au bout de ses belles pommettes:
Ilz agensoient l'hôneur de ses pôpeux atours,
    Quand regardant à l'heureuse fenestre,
Qui saluoit souuent ces courtisantz Amours,
Ie sen mil' traitz decochez de sa dextre.

DEs pudiques flambeaux de tes mignardz
    attraitz
    Ie vei darder l'estoille de ma vie,
Les celestes raions des homicides traitz,
    Qui me naurantz relancent ma suruie.
Bienheureuse est la mort, pour la felicité,
    Contentement & vray ayse de l'ame:
Car le perfait plaisir de l'immortalité
    Repaist l'esprit bienmourant par la flame:
Combien donc qu'à grand tort tu me veus con
    sumer
    Par ta rigeur trop chastement cruelle:
Toutesfois mô tourmët d'autãt qu'il est amer,
    M'est vn plaisir, plus grand que ne reuelle
Poursui, poursui ma mort, afin que d'autre maï
    Ne sois frappé en mon ame eplorée:
Si tu ne veus monstrer ton lustre plus humain
    Pour me sauuer de la mort asseurée

.Le plus riche portrait des plus naïfz tableaux,
                    S ij

Ou s'estoit peint le plus vif de nature
Enialouzoit des cieux les ornementz plus
   beaux:
Quand Phebus prit sa perfeite peinture.
Mais echange.mt l'hōneur de son tēple luisant
   Endiuina la celeste Charite,
La couronnant de l'heur de l'oracle plaisant
   Qui luy chanta son destiné merite.
Le Soleil luy volla le lustre qui reluit
   Plus clairement qu'il n'auoit fait au monde.
Et la diuinité, qui en ses couleurs vit
   Est d'Apollon la science profonde.

Donne moy les faueurs de l'attique orai-
   son,
   Ou clos ma voix de tenebreux silence.
Effille mon cerueau de subtile raison,
   Ou le sommeil sur ma paresse elance.
Arreste en vn seul lieu mon immuable cœur,
   Empestre moy aux erreurs de Dedale.
Frappe moy du dedlain de ta chaste rigeur,
   Ou me repai de sa douceur loiale.
Baille moy d'Orient le plus riche thesor,
   Accable moy souz la deserte angoisse.
Fay moy luire en beauté plus que Narcisse en-
   cor,
   Deguise moy en disforme tristesse.
M'eleue en dignité de senatoire honneur,
   Ou fai les champz labourer en grand' peine.
Iamais de te seruir, li fortune ou malheur
   Elanguira mon ame d'amour pleine.

QVand la Lune embrunit le plus ferain
   de l'air,
      Ia estoillé des couronnes luisantes,
Les amoureux cherchâtz le contentemét clair
   De l'heureux fruit des gayetez plaisantes,
Estonnent les raions des celestes flambeaux,
   Par la lueur de leur pompe gaillarde.
Mais (las) pauure ie sui endormi aux raiz
   beaux
   De la clairté, qui ma douleur me darde.
Ie n'ay plus grand plaisir aux Martinales
   nuitz,
   Qu'au iour plus long de l'esté qui m'ennuye.
De iour en iour suiuât se renflent mes ennuitz
   Sans enfanter ma semillante enuye.
Mais si par tel tourment i'aduâce mõ trespas,
   Au moingz en moy demeure la memoire
Du gracieux labeur, qui fait cêt fois mes pas,
   De trauailler sur toutz gaigner la gloire.

DE SA COVRONNE.

   'Ay au ciel engraué d'vn singulier
     cyzeau,
I   Du bruit luisant le lustre insurpas
     sable.
    En l'immortalité i'ay tiré d'vn pin
ceau
Des resplendeurs l'ouurage ineffaçable.
Ia me promet l'espoir d'estre ainsi couronné,
   Comme en ce tempz sont les mignardz des
   Muses.
Ie ne veux le laurier aux Apollins donné,

Ny le tortis des amoureuses ruses,
Ny le chaste rameau de l'arbre Athenien:
Mais le chapeau propice à ma misere,
Du branchu Romarin propre au Saturnien,
Pour deiaunir ma langueur improspere,
Pour mes sens ranimer & les pestes guerir,
Qui par Amour en mes veines encloses,
M'ont fait en passiõs viure & viuãt mourir
Me deguisant en cent metamorphoses.
Pren pitié du long tempz que mon cœur qui
est tien
Feut captiué souz ta cruauté forte,
Et luy ayant osté son miserable bien
Rend luy au moingz son ame demy morte.

A MA DAMOY. VIV. P.

L'Oisiueté, qui trahit les desseings
Emparessoit souz l'oubly d'I-
gnorance
L'esprit couard contenté d'ap-
parence,
Qui emplomboit mes pensers les plus sains:
Quand du Laurier ie vey les nobles ceinctz
Qu'heureusemẽ et enrichissoit la France
Vanger le tempz de si cruelle outrance
Le redorantz des honneurs tousiours seintz.
Les beaux rayons qui eclairoient leur graces
Monstrantz du ciel les vertueuses traces
Estoient les rayz des diuines beautez.
Lors ta vertu, qui donne aux aultres lustre
Lança les traitz de sa grandeur illustre
Esblouissantz ces feres nouueautez.

A MADAMOISELLE
de la Haye.

Le ciel ialoux de l'immortelle gloire,
Qui surpassoit des poles la grandeur
Par le renom du triomphant honneur
De l'homme ami des filles de Memoire:
Pour se venger s'efforçoit la victoire
Faire botter par iniuste malheur,
Enseulissant des Dames la haulteur
Souz le tombeau de l'oubliance noire.
Mais les neuf sœurs compagnes d'Apollon
D'vn fier regard & courage felon
Contre le ciel animerent Nature,
A rembellir vne dame, qui luit
Plus richement, que des hommes le bruit.
Haye c'est toi, du monde la dorure.

A LA CLAIRE.

Comme Mydas, qui s'ennuioit de l'or
(Combien que l'or la roiauté serene)
Du blond Pactol dorãt l'heureuse arene
En se baignant y laissa son thesor.
Ainsi Phebus plus excellent encor',
De refrapper sa clairté Aurorine
Lasse, en toy de sa lumiere orine
Se delustra, te faisant Soleil or'.
L'honneur des raiz de tes astres celestes
Sur toutz blondist en flambeaux manifestes,
Derayonnant le lustre des haultz cieux.
T'asplendeur donq mõ dernier chant cou.rõne,
Pour esmailler de gloire ma couronne
Que i'ay vouée à ton nom gracieux.
En clairté l'œil s'esblouit.

EXTRAICV DV
priuilege.

Par priuilege du Roy, dóné à Paris le v. iour
d'Octobre Mil cinq cens Cinquáte & quatre
Il est permis à Vincent Sertenas libraire à Pa
ris d'imprimer ou faire imprimer vn liure intitu-
lé, la Poësie de Loys le Caron Parisien: & deffen
ces sont faictes à toutz autres de non l'imprimer
ou faire imprimer dedans six ans prochainemét
venantz sur les peines contenues audit priuilege
signé par le Cóseil.de Courlay, & scellé sur sim
ple queue de cire iaulne.

Fautes en l'impreßion, qui n'ont esté
corrigées en toutz les
liures.

L'imprimeur au lecteur.

Benin lecteur t'supplieras, de ta grace, les legeres
fautes eschappées e quelques feuilles par inaduertan-
ce des letres oubliée ou malmises ou des poinctz mal
marquez: comme e la f.3.p.2.l.10. esclaircit. corrige
en la mes.f.le nóbr du 3.So.en la f 4.p.1.l.8.Gnidien
nes.f.5.p.1.l.1 sai lz.f.6.p.2.l.17 attraiáte.Il faut
des é.es fins des 12 14.vers du 20.S.& 11.& 14.
du 23.De ces fautes & autres semblables ie te laisse-
ray la correction, seullement ie mettray icy celles qui
pourroient corrompre le sens du carme. en l.f.9.p.1.l.3.
le & l.4. l'honnore. 30.p.1.l.9. tomboit.f. 32. p.1.l.
8.panchante & l.21 pour se met,souiet.f.40.p.1.l.4.
tes.f.41.p.1.l.3 dardant.p.2.l.17.bal.f.42.p.1.l.2 al-
batre.f.45.p.1.l.9.cousure.f.52.p.2.l.10.pour Erleás,
Eóleans.f.53.p.2.l.20 sont.f.55.p.2.l.der.le.f.57.p.2.
l.13.voue.f.59.p.1.l.2 effacez la.

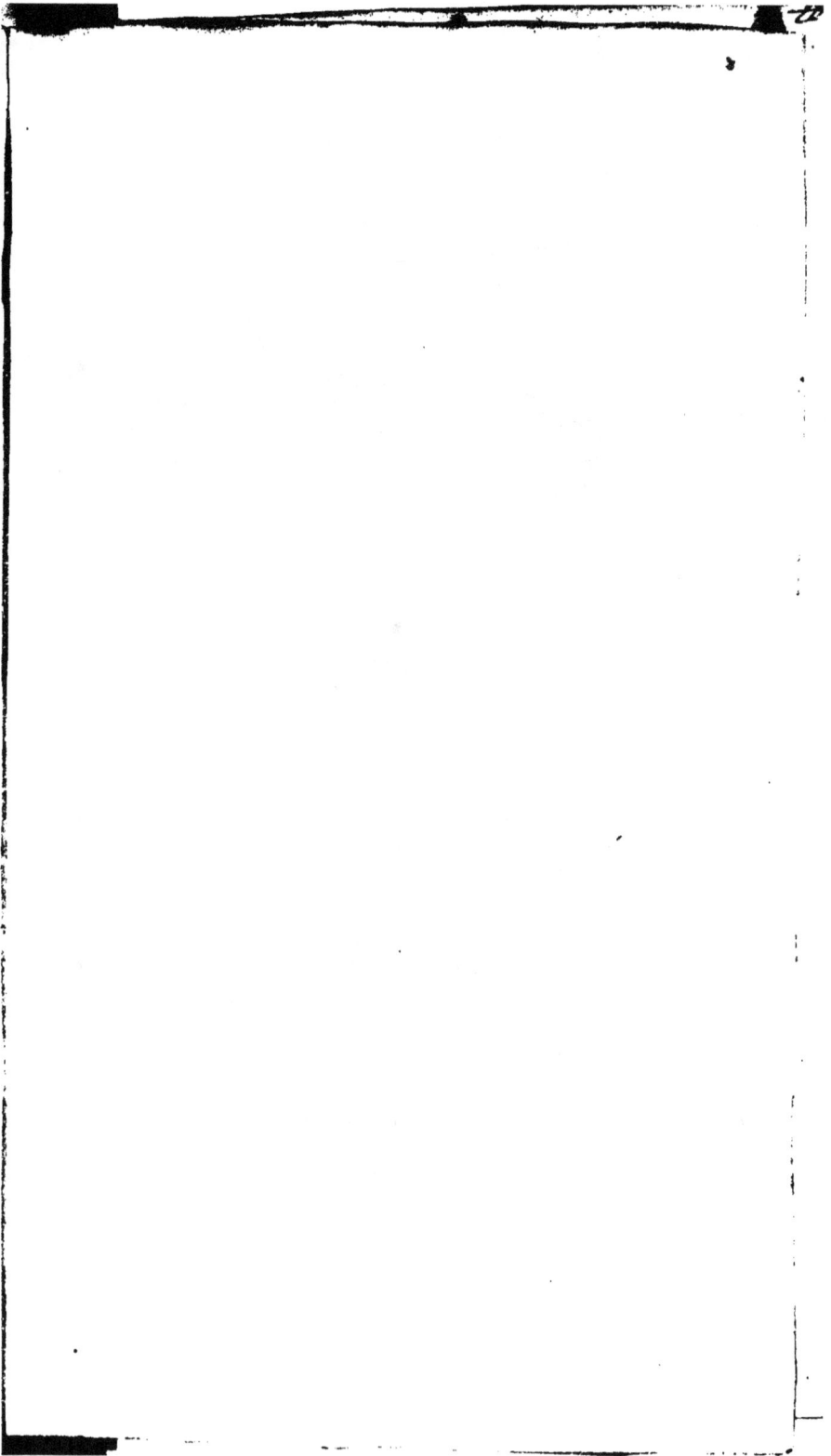

www.ingramcontent.com/pod-product-compliance
Lightning Source LLC
Chambersburg PA
CBHW070943100426
42738CB00010BA/1952